STENDHAL
(Œuvres Posthumes)

Napoléon

DE L'ITALIE — VOYAGE A BRUNSWICK
PENSÉES — DE L'ANGLETERRE — COMMENTAIRES SUR MOLIÈRE

NOTES ET INTRODUCTION
PAR
JEAN DE MITTY

Troisième Édition

PARIS
ÉDITIONS DE LA REVUE BLANCHE
1, RUE LAFFITTE, 1

1898

NAPOLÉON

DE M. JEAN DE MITTY

En préparation :

LA VIE ET LA VOLONTÉ DE SAINT IGNACE DE LOYOLA.
L'ENTHOUSIASME, *Roman.*
GEORGES BRUMMELL, ESSAI SUR LE DANDYSME.

Tous droits de traduction et de reproduction réservés pour tous les pays, y compris la Suède et la Norvège.

STENDHAL
(*Œuvres Posthumes*)

Napoléon

De l'Italie. — Voyage à Brunswick.
De l'Angleterre.
Les Pensées. — Commentaires sur Molière.

NOTES ET INTRODUCTION

PAR

JEAN DE MITTY

3ᵉ édition

PARIS
ÉDITIONS DE LA REVUE BLANCHE
1, RUE LAFFITTE, 1

1897

Il a été tiré à part dix exemplaires sur papier de Hollande numérotés à la presse.

JUSTIFICATION DU TIRAGE

MONSIEUR DE STENDHAL

pour Gaston Lagrange.

MONSIEUR DE STENDHAL

L'humble moine Florentin.....

L'humble moine florentin qui, dans les jardins du couvent de Saint-Marc, à l'ombre des grands lauriers de Damas, recueillait les

paroles ardentes de Savonarole, s'interrompait par moments — ainsi qu'on peut le voir dans les éditions du temps — et ajoutait : ici les larmes m'ont empêché d'écrire.

C'est un sentiment de piété analogue qui

nous a conduit à réunir et à publier ces pages.

Une dévotion plus discrète, sans doute, moins prompte à s'émouvoir sous des formes pathétiques, mais une dévotion aussi profonde et aussi attentive à sauver de l'oubli les manifestations d'une grande pensée.

Là, réside l'unique mérite de cette tâche — si toutefois quelque mérite pouvait apparaître dans le fait, à la vérité fort simple, qu'un monsieur a bravé la poussière des bibliothèques et a exhumé des papiers.

Cependant un certain courage accompagne son effort. Une entreprise ayant pour objet de produire une nouvelle œuvre inédite de M. de Stendhal ne va pas sans témérité. L'audace est évidente. Si M. de Stendhal, à travers mille difficultés, a pu jusqu'ici sortir victorieux des publications posthumes dont on a entouré sa mémoire, le succès en revient à son admirable talent. Peu d'écrivains, disparus sans avoir pris les précautions nécessaires, pourraient supporter une épreuve semblable. Les discussions passionnées que M. de Stendhal eût à subir durant les dernières années de sa vie, loin d'être appaisées, recommencent, plus âprement, chaque fois que l'inépuisable et si providentielle Bibliothèque de Grenoble laisse échapper quelques manuscrits du Maître. Et l'on a vu, par de récentes polémiques, à quelles rancunes s'exposaient les admirateurs trop zélés de M. de Stendhal, et à quels dangers ils exposaient M. de Stendhal lui-même. Il n'a fallu rien moins que l'autorité de ses meilleurs apologistes pour accorder le droit de cité à la série des posthumes — ouvrages, d'ailleurs, ne comportant une signification précise et n'intéressant, réellement, qu'un nombre limité de lecteurs. Le public les ignore. Par dédain de la spéculation, sans doute, la foule s'accomode malaisément de ces notes trop personnelles, tracées rapidement, sans le souci de l'écriture, marquant des nuances, des inquiétudes subtiles, des émotions délicates; l'incessante activité d'une âme repliée sur elle-même, tourmentée, jusqu'à la douleur, par le besoin de l'analyse. Ces pages conquièrent lentement; mais la conquête est sûre. Elles aident à pénétrer dans la pensée intime de l'auteur de *La Chartreuse* et préparent à l'étude de ce mécanisme compliqué, aux rouages mystérieux, que fut sa vie intérieure.

Et c'est pourquoi le livre que voici ne s'adresse qu'aux fidèles ; à ceux-là, très rares, qui ne douteront pas de son opportunité.

Et à ceux-là, aussi, qui, sur le conseil de Maurice Barrès, de Paul Bourget et de M. Taine, ont reconnu dans M. de Stendhal le créateur de la sensibilité moderne.

Les divers éléments dont il se compose — éléments réunis sous le titre de *Napoléon* — proviennent, cela ne saurait être douteux, de la Bibliothèque de Grenoble.

Généreusement, la ville que M. de Stendhal abhorra le plus au monde, fournit ainsi, à la mémoire de l'écrivain, les titres d'une gloire nouvelle. Les derniers de cette espèce, peut-être. La source où ont été puisés tant de documents inédits est tarie à cette heure.

Nous n'oserions cependant l'affirmer avec certitude. La patience et l'ingéniosité des Stendhaliens sont infinies. Leur dévouement est admirable.

Sait-on jamais où peuvent atteindre les volontés tenaces !

M. de Stendhal a beaucoup écrit. En outre de ses romans, de ses livres d'histoire et de critique d'art; de ses impressions de voyage; de ses vues sur les mœurs du temps, sur les femmes et sur les contemporains, il a laissé un grand nombre de travaux inachevés, ébauches ou chapitres épars, et matériaux littéraires datant de la toute première jeunesse. Tout cela a été publié. Existe-t-il encore, quelque part, des documents inédits ? Il serait hasardeux de se prononcer. En tous les cas, la Bibliothèque ne possède plus rien qui puisse fournir la matière d'une publication nouvelle. *Lucien Leuwen* et les pages qui suivent représentent les derniers écrins du trésor déposé dans cette maison hospitalière.

Les feuillets inédits que l'on y pourrait trouver encore sont dépourvus de valeur ; tout au moins n'offrent-ils qu'un intérêt physiologique.

M. de Stendhal, en effet, ayant un jour pris médecine, a noté, sur un calepin, le résultat du traitement et en a donné le détail minutieux. L'objet spécial de ce *memorandum* le défend contre toute indiscrétion.

⁂

La lecture des chapitres réunis ici causera d'abord quelque surprise : le style de M. de Stendhal n'y est pas celui d'une époque déterminée ni celui d'une école. La phrase tantôt rapide, tantôt touffue et comme embarrassée, ne présente aucune des proportions auxquelles nous sommes habitués. D'une venue très libre, tracée d'un premier jet, elle habille exactement la pensée et en suit le capricieux détours. C'est dans cet assujettissement parfait de l'expression à l'idée que réside la beauté et l'originalité du style de M. de Stendhal. Les incorrections n'en accusent que mieux la vivacité des sensations, la variété et la profondeur des sentiments.

La plus belle œuvre d'art, M. de Stendhal le savait bien, c'est l'artiste lui-même, se transfigurant à travers les visions successives et réalisant son propre idéal d'humanité. La gloire de M. de Stendhal est de s'être réalisé lui-même. Il y déploya un effort merveilleux. L'esprit toujours préoccupé de noter ses émotions, de les cultiver jusqu'aux limites extrêmes où elles atteignaient le maximum de l'intensité, il en était arrivé à considérer le spectacle intérieur de son âme comme un vaste champ d'expérience. C'était, chez lui, comme une nécessité maladive d'épier continuellement son être, de spéculer sur le moindre phénomène et de le grossir à dessein pour retirer un enseignement et en déduire une loi. L'on se tromperait fort, néanmoins, si l'on supposait ces investigations dépourvues de méthode. Une logique rigoureuse — la *Lo-gique*! disait-il à Mérimée, en levant un doigt — disciplinait ses enquêtes. Dans ses premières recherches, souvent incomplètes ou superficielles, apparaît déjà le procédé scientifique. Le lecteur s'en apercevra au chapitre intitulé : *les Pensées*, et aux notes sur l'Italie. Il s'y montre avec ce caractère d'originalité si nettement défini qui longtemps lui valut l'impopularité. Il livre sa pensée avec prudence, comme pour mieux éprouver, dirait-on, la qualité des esprits dont il captive les sympathies.

Rien au monde, dès qu'il a conquis ces sympathies, ne les lui peut aliéner. Nous avons connu des personnes qui se passionnaient pour M. de Standhal au point de considérer comme des ennemis personnels tous ceux qui en contestaient le talent.

Peut-être est-ce là un sentiment exagéré. Mais quoi de plus touchant... ?

Le certain est qu'on le relit avec ce sentiment de gratitude que l'on a pour l'amie dont la voix familière nous fut toujours consolatrice. Nous l'aimons parce qu'il apparaît solitaire et hautain, sans liens de parenté avec les écrivains de son époque, sans attaches avec le passé. Rejetant le rituel esthétique du romantisme, il construit lui-même, dédaigneux des contraintes, cette forte individualité dont l'éclat rayonne sur le siècle entier[1].

[1]. Dans une série d'entretiens parus dans la *Cocarde* de Maurice Barrès — entretiens qu'il importerait de réunir en volume — notre ami M. Léon Bélugou a défini, avec une rare intelligence, les origines profondes de la pensée de Beyle.

Nous manquons de Biographes.

Deux écrivains, de valeur inégale et d'intentions diverses, Raoul Colomb et Prosper Mérimée — l'un, camarade d'enfance de Henry Beyle, homme probe, éditeur désintéressé des œuvres posthumes, auteur lui-même d'un estimable *Voyage* en Italie; l'autre, critique attentif à glorifier les morts, mais attentif à le faire autant que cela pouvait comporter une apologie personnelle (*un ami acharné*, a dit M. Mallarmé, sur le propos d'un contemporain) — se sont donné la tâche d'écrire la vie de M. de Stendhal.

De ces deux biographies, les seules qui aient été faites par des amis du Milanais, la *Notice* de Raoul Colomb, encore qu'incomplète et, par endroits, un peu naïve, est assurément l'unique document auquel il faille accorder une créance sérieuse. Informée minutieusement, pourvue de détails sinon curieux, tout au moins authentiques, puisés aux sources les plus certaines, elle raconte la carrière aventureuse du soldat, de l'administrateur, de l'écrivain, du diplomate et parfois aussi, mais avec circonspection, celle de l'amoureux.

Malheureusement — et c'est là, nous semble-t-il, une des raisons pour lesquelles il convient de n'accueillir tels passages de la notice qu'avec une prudente réserve — les renseignements que Raoul Colomb tenait de M. de Stendhal lui-même y occupent une place trop importante.

L'on sait assez combien celui-ci était soucieux de sa légende ; combien il s'appliquait à réunir les éléments les plus propres à la fortifier et, surtout, à la réaliser selon ses vœux.

Ces éléments sont complexes, empreints d'étrangeté, déroutant comme des énigmes et se contredisant à tel point les uns les autres qu'il y a difficulté, et même, — on peut l'affirmer — impossibilité absolue, à y exercer un contrôle.

Aujourd'hui encore, malgré de patientes et incessantes recherches, menées méthodiquement à travers des documents de toutes sortes, bien des circonstances de la vie de M. de Stendhal demeurent entourées de mystère et se dérobent, constamment, à la curiosité de ses admirateurs.

M. de Stendhal, pour des raisons que l'on n'a pas à connaître mais qui, à en juger par l'exaspération mal dissimulée des beylophobes, devaient être les meilleures du monde, a pris d'infinies précautions en vue de fixer son attitude devant la postérité. Il n'a jamais livré, de lui-même, que ce qu'il croyait devoir importer à sa légende.

Son affectation de bizarrerie, sa défiance excessive, les nombreux pseudonymes à l'aide desquels il aimait déguiser sa personnalité littéraire comme sa personnalité mondaine, le masque d'impassible froideur qu'il avait attaché sur son visage — autant de mesures méticules pour égarer les indiscrets et assurer, à sa physionomie future, les traits qu'il jugeait convenables.

On comprend donc aisément que s'il lui a répugné de livrer certains secrets de sa vie intime au meilleur et au plus ancien de ses amis, à Raoul Colomb, son exécuteur testamentaire, son confident, l'homme dont il estimait hautement la parfaite loyauté, à plus forte raison devait-il agir prudemment avec l'ami occasionnel qu'était pour lui Prosper Mérimée. Comment, dès lors, ajouter une foi entière aux confidences dont l'auteur de *Colomba* fait le récit circonstancié?

Comment ne pas apercevoir, derrière le Stendhal crayonné si finement et si traîtreusement par Mérimée — un autre Stendhal, le vrai celui-là, un Stendhal qui par défiance naturelle comme par goût de dilettantisme, compose, avec un imperceptible sourire au coin de la lèvre, ce personnage de fantaisie, à la fois sceptique et crédule, mélancolique et gai, délicat et vulgaire ?

Il fait de grands gestes ; il raconte ses doutes, sa peur de la mort ; il blasphème, il se lance dans les tirades sentimentales et finit, cyniquement, par l'aveu de ses prouesses amoureuses. Mérimée prend des notes, enregistre les anecdotes, choisit ses documents et, dans sa mémoire, esquisse déjà le portrait à venir — cette plaquette anonyme où la plupart des commentateurs de l'œuvre de M. de Stendhal ont fait leur apprentissage du beylisme.

Ils y ont appris qu'il était athée parce qu'un soir, chez madame Pasta, il imagina, se trouvant en verve, cette théorie cosmogonique :

« Dieu, dit-il, était un mécanicien habile ; il travaillait jour et nuit à son affaire, parlant peu et inventant sans cesse, tantôt un soleil, tantôt une comète. On lui disait :

— Mais écrivez donc vos inventions, il ne faut pas que cela se perde.

— Non, répondait-il rien n'est encore où je veux.

Un beau jour, il mourut subitement. On courut chercher son fils, qui étudiait aux jésuites. C'était un garçon doux et studieux, qui ne savait pas deux mots de mécanique. On le conduisit à l'atelier de son père.

— Allons, à l'ouvrage ! Il s'agit de gouverner le monde.

Le voilà bien embarrassé :

— Comment faisait mon père ?

— Il tournait cette roue ; il faisait ceci, il faisait cela.

Il tourne la roue, et la machine va de travers.

La boutade, telle que la rapporte Mérimée, est d'invention médiocre. Tout y manque de ce qui caractérisait l'esprit de M. de Stendhal. Le trait vif, profond ; le mot pittoresque ; l'allure originale et libre ; l'expression concise, rapide, dégageant une idée, une couleur, une émotion. Mais la boutade, propagée, a suffi, comme tant d'autres, à perpétuer un Stendhal sensuel, gros bonhomme qui ne croit à rien, ni à Dieu, ni à l'amour, ni à l'honneur, ni à l'amitié, qui fait du paradoxe et qui, au risque de passer pour un malotru, enseigne gravement que la meilleure manière de plaire à une femme est « de la prendre d'assaut. »

Le mieux est de nous en rapporter à M. de Stendhal lui-même. Sous le nom de Roizard, il a décrit la physionomie morale d'un personnage dont il est facile de pénétrer l'anonymat.

C'était, affirme-t-il, un homme assez grand, de plus de quarante ans. Ses traits n'étaient point beaux, mais extrêmement mobiles. Ses yeux exprimaient les moindres nuances de ses émotions. Et c'est ce qui mettait son orgueil au désespoir. Lorsqu'il craignait ce malheur, il était brillant, amusant, rempli des saillies les plus imprévues. Il électrisait ses auditeurs et rendait le bâillement impossible dans le salon où il se trouvait. Dans ces moments, il inspirait les aversions les plus vives, ou des transports d'admiration.

Il est impossible de se montrer plus brillant et plus homme d'esprit, disaient ses admirateurs. Mais la vivacité et l'imprévu de ses saillies effrayaient les gens médiocres et lui valaient bien des ennemis. Lorsqu'il n'avait pas d'émotion, il était sans esprit. D'ailleurs, il n'avait pas de mémoire, ou dédaignait de l'appeler à son secours.

Aucune biographie, si abondante fût-elle, ne vaut cette esquisse. M. de Stendhal y apparait tel que nous aimons l'imaginer. Quelqu'un réalisera-t-il jamais une peinture plus exacte?

Contentons-nous donc de ces notes et extrayons-en l'image nécessaire.

Elles nous satisfont d'autant plus que leur concision et l'incontestable accent de vérité qui s'en dégage mettent un terme aux essais psychologiques dont M. de Stendhal a été la victime. Il est vrai d'ajouter que ces essais — et notamments celui de M. Caro — ne comportent qu'un intérêt bibliographique. Ils rapellent exactement les notices parues en 1842, au lendemain de la mort de l'écrivain. A cette date, en effet, les journaux de Paris annoncèrent le décès de M. Frédéric Styndall, auteur de quelques ouvrages estimés.

M. de Stendhal n'était pas beau.

M. de Stendhal — au dire de M. Caro, qui devait s'y connaître — n'était pas beau.

Par là, il faut entendre que l'auteur de *la Chartreuse* ne possédait aucun des avantages physiques dont la nature se montra si obstinément libérale envers l'aimable philosophe.

Un ventre proéminent, des jambes trop courtes, un cou épais, le teint fortement coloré — tel, à quelque distance et à première vue, apparaissait M. de Stendhal. Mais cette impression, dont Henry Monnier a fixé le souvenir, n'était que passagère.

Un front puissant, encadré d'abondants cheveux noirs, disposés selon la mode du temps; de gros favoris, taillés avec art et se rejoignant, en collier, sous le menton; un regard pénétrant, volontaire, souvent ironique et toujours observateur; une bouche fine, au sourire malicieux; de belles mains patriciennes et des ongles longs, polis et pointus — corrigeaient, avec un rare bonheur, tout ce que l'embonpoint pouvait offrir de fâcheux.

Pour compléter le portrait, ajoutons encore que l'appareil avec lequel M. de Stendhal accoutumait de se produire au boulevard, était le plus élégant et le plus somptueux qui se pouvait voir.

Une redingote d'allure noble, satisfaisant à la fois aux exigences du dandysme et à la correction diplomatique et qui, à consulter l'esthétique de l'époque, devait être bleu-barbeau, à boutons d'or et à col de velours — enserrait amoureusement la taille. Un gilet de soie, aux revers dits « revers à la Robespierre »; une haute et vaste cravate qu'illustrait une épingle de prix; une culotte ajustée, accusant la fine cambrure du jarret; des escarpins vernis; un mouchoir de batiste imbibé de senteurs, quelques breloques et un jonc flexible à pomme en cornaline, complétaient de précieuse manière, ce brillant équipage.

M. de Stendhal avait le culte de la toilette; les soins qu'il en prenait comptaient parmi ses préoccupations les plus chères. Aussi bien, toute plaisanterie portant sur la coupe d'un habit ou sur le choix d'une cravate, l'indisposaient gravement.

Il y croyait discerner une sorte d'épigramme à l'adresse de sa disgrâce physique. La moindre allusion à ce sujet sensible le choquait comme une impertinence.

A cinquante-neuf ans, raconte Raoul Colomb, il se coiffait et s'habillait comme un jeune homme. Sa tête, faiblement garnie de cheveux, au moyen d'un toupet d'emprunt, offrait l'apparence d'une opulente chevelure. Jamais cette chevelure ne cessa d'être noire.

Quelques esprits chagrins ont voulu voir, dans cet extrême souci de la tenue, une affectation d'originalité. C'est là une erreur profonde. Lorsque le prince Korasoff enseigne à Julien Sorel la sollicitude avec laquelle un amoureux doit veiller sur sa toilette, il ne fait que traduire les propres vues de M. de Stendhal, sa conception du dandysme et le fruit de sa riche expérience.

Pénétré de cette vérité incontestable que les seules joies possibles en ce monde sont les joies de l'amour, il consacra sa vie à les satisfaire.

Il est permis de supposer, d'après les indiscrétions de ses amis et d'après les quelques rares aveux qu'il a laissé échapper au cours de ses écrits, qu'il y réussit autant qu'il le pouvait souhaiter. Il eut un nombre incalculable d'aventures, les unes retentissantes, héroïques; les autres romanesques,

Dans chacune de ces aventures, M. de Stendhal apportait une fougue et un entrain sans pareils. Il se dépensait avec prodigalité, ignorant, même à l'âge le plus avancé, qu'en amour, comme en toutes choses, d'ailleurs, il pouvait exister une mesure. Le reproche de Colomb, quoique formulé sans intention d'ironie, ne paraît donc pas justifié. M. de Stendhal, à cinquante-neuf ans, se coiffait et s'habillait comme un jeune homme, parce qu'il était resté un jeune homme et parce qu'il eût été hors de propos d'affecter une austérité d'allure que démentaient, si éloquemment, une robuste et généreuse nature.

Il était loin de l'adolescence lorsqu'une dame de ses amies lui adressait cette lettre[1] :

« Je voudrais passer des mois entiers avec
« toi et qu'il ne me fût pas possible de rien
« t'accorder. C'est seulement alors que je
« me croirais vraiment bien aimée. Quant
« aux tours de force d'un certain genre, j'en

---

[1] Publiée par M. A. Cordier : *Stendhal raconté par ses amis et amies.*

« profite, mais ne les estime point, et je te
« jure qu'il me semble que c'est parce que tu
« as été trop sublime sous ce rapport que je
« me suis sentie du refroidissement.

« Il m'a semblé que c'était une manière
« trop vulgaire de me prouver ta tendresse. »

M. de Stendhal fut un séducteur. Il connaissait l'art de charmer. Sa causerie, pour qui pouvait en comprendre les finesses, était comme la quintessence de son œuvre écrite.

A une voix un peu basse, variant les intonations, distillant l'épigramme et soulignant le trait si légèrement qu'il fallait une certaine habileté d'esprit pour en saisir la portée, s'ajoutaient un geste sobre, une bonne humeur intarissable et la verve que donne la certitude d'avoir dit des choses intéressantes.

Encore que M. de Stendhal se défendît d'avoir de la mémoire, il y puisait, au contraire, sans jamais parvenir à l'épuiser. Il avait amassé une collection d'observations qui formaient une incomparable bibliothèque de documents. Cette bibliothèque, il la promenait avec lui et en extrayait, selon ses besoins, les éléments d'une conversation qui, au dire de tous ses contemporains, était d'une originalité sans égale.

Il savait tout rendre vivant à l'esprit des auditeurs et donner, par son récit, l'impression que l'évènement se produisait dans le moment même où il en détaillait les péripéties.

Quelle femme aurait pu résister à une pareille activité d'esprit — à une attitude aussi héroïque...

JEAN DE MITTY.

NAPOLÉON

NAPOLÉON

> Je prie le lecteur de pardonner au style le plus simple et le moins élégant; à un style qui ressemblerait, s'il en avait le talent, au style du XVIIe siècle; au style de M. de Sacy, traducteur des lettres de Pline, de M. l'abbé Mongault, traducteur d'Hérodien. Il me semble que j'aurai toujours le courage de choisir le mot inélégant, lorsqu'il donnera une nuance d'idées de plus. »
>
> Stendhal, Préface à la Vie de Napoléon.

Lorsque fut décidée, en 1845, la publication de l'œuvre posthume de Henry Beyle intitulée : *Mémoires sur Napoléon*, Raoul Colomb, l'exécuteur testamentaire et l'ami le plus tendre, le plus noblement dévoué de l'auteur de la *Chartreuse*, n'osant assumer, à lui seul, la responsabilité d'une pareille entreprise, fit un choix rapide parmi les chapitres du manuscrit [1] et les porta à Prosper Mérimée.

Mais la piété littéraire de Raoul Colomb, pour l'ordinaire si prudente et si bien soucieuse des intérêts dont on lui avait confié le dépôt, céda, cette fois, à une inspiration malheureuse.

Mérimée, qui édifiait déjà sa fortune future et inaugurait, par des traits demeurés célèbres, le personnage si répandu aujourd'hui de l'écrivain doublé d'un homme d'affaires, traita le *Napoléon* de Stendhal comme M. Pinard, lui-même, n'eût osé traiter *Madame Bovary*, si le texte en avait été soumis à sa censure. La comparaison est exacte. Une partie du manuscrit, légué à la Bibliothèque de Grenoble après la publication du volume [2] et portant la trace évi-

---

1. La majeure partie de ces chapitres n'étaient que la copie littérale des *Mémoires de Napoléon*, du *Mémorial de Sainte-Hélène* et du *Moniteur*. Beyle devait s'en servir, plus tard, et lors du travail définitif, comme de matériaux à consulter pour la campagne d'Italie.

2. *Vie de Napoléon (fragments)* par de Stendhal, Michel Lévy, éditeur, 1845.

dente du travail de Mérimée, en témoigne éloquemment.

On éprouve, à le parcourir, l'impression de quelque exécrable devoir d'écolier corrigé, rageusement, par un maître exaspéré. Rien n'y manque : ni les annotations, prodiguées sous la forme de sentences, ni les mots biffés d'un violent coup de plume, ni les fautes matérielles redressées avec une patiente minutie, ni les exclamations lourdement ironiques.

Quelque part, en marge d'un feuillet, Stendhal rappelle le mot de Napoléon au maréchal Berthier :

— J'ai cent mille hommes de rente !

D'un trait qui déchire la page et qui semble, aujourd'hui encore, malgré les distantes années, un outrage fait à la pensée de l'écrivain, Mérimée sabre le mot tragique — le mot tragique et superbe dont l'imagination de Stendhal dût rêver si longtemps... — et il ajoute, au-dessous, d'une solennelle et officielle écriture :

« *Cette parole ne fait honneur ni à celui*

qui l'a prononcée, ni à celui qui l'a rapportée... »

N'était-ce pas là, en effet, une parole dangereuse à entendre, dangereuse à publier pour la popularité du Prétendant? Mérimée y est intéressé. Trop d'observations précises, attentatoires à la légende en cours. Il faut, à la veille du second empire, des livres d'apologie et non un livre d'analyse. Le protecteur de Libri, le futur sénateur, le courtisan adroit y veille scrupuleusement, comme si la réussite du Coup d'Etat avait dépendu d'une allusion trop transparente, d'un jugement trop indépendant.

Et le manuscrit ainsi mutilé, dénaturé, rendu inintelligible à force d'avoir subi des remaniements, est porté à l'éditeur qui, par les soins du confiant et timide Colomb, en fait ce volume de Fragments, plus nuisible à la mémoire de Stendhal, a dit à un commentateur chagrin, que les pires attaques de ses ennemis.

Toutefois, pour ne rien exagérer des responsabilités encourues par Mérimée et, dans une certaine mesure, par l'exécuteur testamentaire lui même, il convient d'ajouter que les nombreux papiers posthumes réunis sous le titre de *Mémoires de Napoléon* — publiés, les uns en 1845, les autres longtemps restés inédits — ne forment point, à proprement parler, une œuvre complète, définitive; une œuvre comme Stendhal en avait conçu le projet. Nous n'en possédons que l'ébauche.

Ce sont, pour la plus grande part, des notes tracées au hasard du souvenir; des observations personnelles; des résumés de lectures; des évocations de spectacles auxquels l'écrivain a assisté ou qui lui ont été racontés par des témoins dont la parole était une sûre garantie d'exactitude; des anecdotes recueillies par les familiers de l'Empereur; des chapitres esquissés à grandes lignes, presque tous inachevés et destinés, sans doute, à servir de points de repère plutôt que de véritables matériaux; des jugements sommaires sur l'entourage de Napoléon, sur Napoléon lui même, sur les mœurs de l'époque, sur l'armée, sur la politique, sur les destinées de la France.

Ce sont encore — consignés longtemps après la chute de l'Empire, dans ce mélancolique et lointain exil de Civita-Vecchia — des récits d'événements auxquels, dans sa jeunesse, Stendhal fut mêlé.

Je ne sais pas de pages plus émouvantes.

Ni l'ennui, ni les années écoulées, ni les chagrins d'une existence dont on peut suivre, pas à pas, les tristesses successives, n'ont atténué, dans cette âme passionnée, l'enthousiasme de naguère. Qui ne se souvient des premières phrases de la *Vie de Napoléon?*

C'est avec une admiration attendrie, faite de regrets et de piété envers une chère mémoire — un sentiment analogue à celui que l'on éprouverait en foulant la poussière de lieux où l'on a beaucoup aimé et beaucoup souffert... — que Stendhal évoque tant de glorieux souvenirs.

« L'amour pour Napoléon est la seule passion qui me soit restée... Je le vis, pour la première fois, deux jours après son passage du mont Saint-Bernard : c'était au fort de Bard (le 22 mai 1800; il y a trente sept ans, ô mon lecteur!) Huit ou dix jours après la bataille de Marengo, je fus admis dans sa loge à la Scala (grand théâtre de Milan), pour rendre compte des mesures relatives à l'occupation de la citadelle d'Arona. J'étais à l'entrée de Napoléon à Berlin en 1806, à Moscou en 1812, en Silésie en 1813. J'ai eu occasion de voir Napoléon à toutes ces époques. Ce grand homme m'a adressé la parole, pour la première fois, à une revue au Kremlin. J'ai été honoré d'une longue conversation en Silésie, pendant la campagne de 1813. Enfin, il m'a donné de vive voix des instructions détaillées, en décembre 1813, lors de ma mission à Grenoble, avec le sénateur comte de Saint-Vallier. Ainsi, je puis me moquer, en sûreté de conscience, de bien des mensonges. »

L'écrivain qui éprouvait « une sorte de sentiment religieux en écrivant la première phrase de l'histoire de Napoléon » a eu cependant « le courage de dire la vérité *sur tout*, même contre son héros ».

Ce courage, s'il n'apparaît pas dans le volume revu par Mérimée, s'affirme dans les pages qui suivent.

Extraites d'une série de cahiers déposés à la Bibliothèque de Grenoble, elles font partie des *Mémoires sur Napoléon* et furent écrites par Beyle durant son consulat de Civita-Vecchia. Colomb fut seul à les connaître. Les jugea-t-il indignes d'être portées à Mérimée ; certains détails l'obligèrent-ils à les laisser inédits ? On ne sait.

Le hasard qui nous les a fait découvrir est d'autant plus heureux, que nulles corrections, nulles remarques niaises n'en déparent le texte. Une seule note, au bas d'un feuillet, d'une écriture étrangère à celle du manuscrit, fait déplorer le nombre toujours croissant des touristes qui, entre une excursion à la Grande Chartreuse et une promenade à Vizille, s'arrêtent une heure à Grenoble et demandent à compulser les posthumes de Henry Beyle.

Ces touristes ont lu M. Edouard Rod.

J. DE M.

DE LA COUR

DE LA COUR

En 1785, il y avait *Société*, c'est-à-dire que des êtres indifférents les uns aux autres, réunis dans un salon, parvenaient à se procurer, sinon des jouissances fort vives, au moins des plaisirs fort délicats et sans cesse renaissants.

Le plaisir de la Société devint même si nécessaire, qu'il parvint à étouffer les jouissances qui tiennent à la nature intime de l'homme et à l'existence des grandes passions et des hautes vertus.

Tout ce qui est fort et sublime ne se trouve plus dans les cœurs français. L'amour seul fait quelques exceptions [1].

---

1. Il n'est pas question des neuf dixièmes de la Société, qui ne sont ni polis, ni influents. — N. de B.

Mais comme on ne rencontre les grandes émotions qu'à des intervalles fort éloignés et que les plaisirs du Salon sont de tous les instants, la Société française avait un attrait qui lui a procuré en Europe *le despotisme* de la langue et des manières.

Sans que l'on s'en doutât, cette extrême politesse avait entièrement détruit l'énergie dans les classes riches de la nation [1].

Il restait ce courage personnel qui a sa source dans l'extrême vanité que la politesse tend à irriter et à grandir sans cesse dans les cœurs.

Voilà ce qu'était la France, quand la belle Marie-Antoinette, voulant se donner les plaisirs d'une jolie femme, fit de la Cour une Société.

L'on n'était pas bien reçu à Versailles parce que l'on était duc et pair, mais parce

---

1. « *C'est remonter trop haut pour nous donner la Cour de Napoléon.* »
Note ajoutée en marge du feuillet, d'une écriture différente de celle du manuscrit.

que Mme de Polignac daignait vous trouver agréable [1].

Il se trouva que le roi et la reine manquaient d'esprit. Le roi, de plus, n'avait pas de caractère. Accessible à tous les donneurs d'avis [2], il ne sut pas se jeter dans les bras d'un premier ministre, ou se placer *sur le char de l'opinion*.

Depuis longtemps il n'était guère *profi-*

---

1. Mémoires de Besenval. N. de B.
(Pierre-Victor, baron de Besenval ; lieutenant-général des armées du roi; colonel des Gardes-Suisses et Suisse lui-même. Ami et confident de la reine).

2. « Même à un Pezay... » — N. de B.
Alexandre-Frédéric Masson, marquis de Pezay ; soldat, courtisan et poète; précepteur du dauphin qui fut Louis XVI.

« Il n'est pas gentilhomme, et se fait appeler marquis; il ne sait pas la syntaxe, et écrit des volumes ; il ne sait pas le latin, et il traduit. Les gens de lettres n'ont pas d'ennemis plus dangereux que cette espèce d'homme ». (*Laharpe. Correspond.*) L'on pourrait, de nos jours encore, mettre bien des noms au-dessous de ce portrait.

table d'aller à la cour[1] ; mais les premières réformes de M. de Necker, tombant sur les amis de la reine[2], rendirent cette vérité frappante pour tous les yeux.

Dès lors, il n'y eut plus de Cour[3].

La Révolution commença par l'enthousiasme des belles âmes de toutes les classes. Le côté droit de l'Assemblée Constituante présenta une résistance inopportune. Il fallait de *l'énergie* pour la vaincre : appeler

---

1. Besenval prétend la même chose et dans les mêmes termes. Il y a là une coïncidence, au moins curieuse...

2. M. de Coigny. — N. de B.

Henri de Franquetot, duc de Coigny, maréchal de France.

« La reine s'occupe peu des gens qu'elle avait rapprochés d'elle et s'en détache aisément. Ils n'éprouvent que les inconvénients de la faveur, sans en recueillir les avantages. Le duc de Coigny fut sacrifié lestement à des idées de réforme, et tout le monde s'étonna qu'il ne fût pas défendu ». (Les *Mémoires*).

3. « Tout ceci sera sans doute admirablement peint dans l'ouvrage posthume de Mme de Staël, qui était appelée par son talent, à faire *l'Esprit des lois de la Société* » — N. de B.

sur le champ de bataille tous les jeunes gens de la classe moyenne qui n'avaient pas été étiolés par la politesse excessive [1].

Tous les rois de l'Europe se liguaient contre le Jacobinisme. Nous eûmes alors l'élan sublime de 1792. Il fallut un surcroît d'énergie. Des hommes d'une classe encore moins élevée ou de très jeunes gens, se trouvèrent à la tête de toutes les affaires [2].

Nos plus grands généraux sortirent des rangs [3] des soldats, pour commander, comme en se jouant, des armées de cent mille hommes [4].

1. Barnave, Monnier, Thibaudeau, Béranger, Boissy d'Anglas, les Merlin, etc. — N. de B.
2. Danton, Saint-Just, Collot-d'Herbois, d'Eglantine, et toute la canaille si énergique de la Convention et des Jacobins ». — N. de B.
3. Le général Hoche, fils d'une fruitière ; Moreau, étudiant en droit. — N. de B.
4. La France qui cherchait des hommes dans toutes les classes de la société, trouva des génies dans les positions qui, d'ordinaire, ne fournissent que des avocats ou des officiers subalternes. Si Louis XVI eût continué à régner, Danton et Moreau eussent été des avocats, Pichegru, Masséna et Augereau, des

A ce moment — le plus grand des annales de la France — la politesse fut proscrite par les Lois. Tout ce qui avait de la politesse devenait justement suspect à un peuple enveloppé de traîtres et de trahisons, et l'on voit qu'il n'avait pas tant tort de penser à la contre-révolution [1].

Mais ce n'est pas avec une loi et par un mouvement d'enthousiasme qu'un peuple ou un individu peuvent renoncer à une ancienne habitude. A la chute de la Terreur, on vit les Français revenir avec fureur aux plaisirs de la Société [2].

Ce fut dans les salons de Barras que

sous-officiers; Desaix, Kléber, des capitaines; Bonaparte, Carnot, des lieutenants-colonels ou colonels d'artillerie; Lannes et Murat, des marchands chapeliers ou des maîtres de poste. Siéyès eût été grand-vicaire et Mirabeau, tout au plus, un négociateur subalterne, un chevalier d'Éon. (*Vie de Napoléon*).

1. « Voir les indices des conspirations de cette époque dans la *Biographie des Vivants*, par Michaud. — N. de B.

2. *Les Bals des Victimes;* les salons de Tallien. — N. de B.

Bonaparte entrevit, pour la première fois, les plaisirs délicats et enchanteurs que peut donner une société perfectionnée. Mais comme cet esclave qui se présentait au marché d'Athènes, chargé de pièces d'or et sans monnaie de cuivre, son esprit était d'une nature trop élevée, son imagination trop enflammée et trop rapide, pour qu'il pût jamais avoir des succès dans un salon.

D'ailleurs, il y arrivait à 26 ans, avec un caractère formé et inflexible.

A son retour d'Égypte, dans les premiers moments, la cour des Tuileries fut un véritable *bivouac*.

Il y avait la franchise, le naturel, le manque d'esprit. Madame Bonaparte seule faisait paraître des grâces, comme à la dérobée. La société de sa fille Hortense et sa propre influence adoucirent peu à peu le caractère de fer du premier consul. Il admira la politesse et les formes de M. de Talleyrand. Celui-ci dut à ses manières une liberté étonnante.

Bonaparte comprit que s'il voulait être roi, il fallait une *cour* pour séduire ce faible peuple français sur lequel ce mot est tout puissant.

Il se vit dans la main des militaires. Une conspiration des gardes prétoriennes pouvait la jeter du trône à la mort [1].

Un entourage de préfets et de dames du palais; des chambellans, des écuyers, des ministres, imposaient aux généraux de la Garde qui, eux aussi, étaient français et avaient un respect inné pour la Cour.

Mais le despote était soupçonneux. Son ministre Fouché avait des espions jusque parmi les maréchales.

1. Se rappeler l'admirable conspiration de Mallet, en octobre, 1813 ». — N. de B.
Dans la *Vie de Napoléon* : « La conspiration de Mallet lui fit voir, pour la première fois peut-être, que tout en croyant faire de la monarchie au profit de la France et de son fils, il n'avait fait que du pouvoir. Il ne comprit jamais qu'au moral comme au physique, on ne s'appuie que sur ce qui résiste, et que tant qu'un corps politique ne résiste pas dans l'occasion, il ne résiste pas en effet. »

L'Empereur avait cinq polices différentes, qui se contrôlaient l'une l'autre. Celle du ministre, du premier inspecteur de la gendarmerie, du préfet de police, du directeur général des Postes, enfin la police aboutissant directement à l'Empereur[1].

Un mot qui s'écartait de l'adoration — je ne dirai pas pour le despote, mais pour le despotisme — perdait à jamais.

Napoléon avait excité au plus haut point l'ambition de chacun. Sous un roi qui avait été lieutenant d'artillerie, et avec des maréchaux qui avaient commencé par être méné-

---

1. Napoléon avait peur des Jacobins, auxquels il enlevait non-seulement leur puissance, mais encore leurs occupations de chaque jour; il établit une police pour les surveiller; il eût bien voulu pouvoir déporter tous les chefs; mais l'opinion publique eût été révoltée de cette mesure et la fusion qu'il désirait opérer, retardée pour longtemps. Même en exilant les chefs, la crainte des particuliers lui fût restée, et il suffisait d'une vingtaine de ceux-ci pour faire une conspiration et mettre sa vie en danger. (*Vie de Napoléon*).

triers de campagne ou maîtres d'armes[1], il il n'était pas d'auditeur qui ne voulût devenir ministre, pas[2] de sous-lieutenant qui n'aspirât à l'épée de connétable.

Enfin, l'Empereur voulut marier sa cour en deux ans; rien ne rend plus esclave. Cela fait, il voulut des mœurs.

En 1808, il faisait dire à un riche bijoutier de Paris qui avait trois filles :

— Le général N... épouse l'aînée de vos filles, à laquelle vous donnez cinquante mille écus!

---

1. « A l'exemple du comte Molé ». N. de B.

2. Victor, duc de Bellune, ménétrier à Valence; Augereau, maître d'armes à Naples, protégé par l'ambassadeur Talleyrand qui, au moment des troubles, lui donna 25 louis pour venir faire sa fortune en France. — N. de B.

« Augereau, né au faubourg Saint-Marceau, à Paris, était sergent au moment de la Révolution. Il fut choisi pour aller à Naples apprendre l'exercice aux soldats du pays, lorsque la Révolution éclata. M. de Périgord, ambassadeur de France à Naples, le fit appeler, lui donna dix louis et lui dit : « Retournez en France, vous y ferez fortune. » (*Vie de Napoléon*)

Le père, éperdu, qui avait quelque accès aux Tuileries, vint lui demander grâce. Il lui répéta les mêmes paroles et ajouta :

« Le général N... ira faire sa cour demain, et épousera après-demain !

Ce ménage est fort heureux...

Enfin, cette cour se composait de généraux ou de jeunes gens qui n'avaient jamais vu la politesse, dont le règne tomba en 1789, lorsque le ministre Roland se rendit chez le roi sans boucles à ses souliers.

Il n'en fallait pas tant pour empêcher la renaissance de l'esprit de société : chacun se renferma dans son ménage.

Ce fut une époque de vertu conjugale.

Un général de mes amis voulait donner un dîner de vingt couverts. Il va chez Véry du Palais-Royal.

Les ordres écoutés, Véry lui dit :

— Vous savez, sans doute, mon général, que je suis obligé de donner avis de votre dîner à la police, pour qu'elle y ait quelqu'un?

Le général est fort étonné et encore plus fâché. Le soir, trouvant le duc d'Otrante, à un conseil chez l'Empereur, il lui dit :

— « Parbleu! il est fort que je ne puisse pas donner un dîner de vingt personnes sans admettre un de vos gens!

Le ministre s'excuse, mais ne se relâche point de la condition nécessaire. Le général s'indigne.

Enfin Fouché lui dit, comme par inspiration :

— « Voyons votre liste!

Le général la lui donne. A peine le ministre est-il au tiers des noms, qu'il se met à sourire et, lui rendant la liste :

— « Il n'est pas besoin que vous invitiez d'inconnu!

Et les vingt invités étaient tous de grands personnages!

Après l'esprit public, ce que le monarque abhorrait le plus, c'était l'esprit de Société.

Il proscrivit en furieux *l'Intrigante*[1], par Étienne[2], comédie d'un auteur vendu à l'autorité. On osait y plaisanter ses chambellans; on s'y moquait des dames de la cour qui, sous Louis XV, faisaient des colonels.

Ce trait si éloigné de lui, le choqua profondément.

Chez un peuple spirituel, où l'on sacrifie gaiement sa fortune au plaisir de dire un bon mot, chaque mois voyait éclore quelques traits malins. Cela désolait l'Empereur.

---

1. Il y était question de la cour, des courtisans, des intrigues de cour, et l'héroïne de la pièce s'y mêlait d'arranger des mariages entre l'aristocratie de vieille souche et les grands de fraîche date. L'empereur y crut voir des allusions malsonnantes qui, très probablement, étaient loin de l'intention toujours un peu naïve, mais dévouée, de l'auteur. La représentation de *l'Intrigante* fut interdite par ordre et la pièce imprimée dut également disparaître de l'étalage des libraires — *Les Encyclopédies*.

2. Etienne, de l'Académie française, vice-président de la Chambre des députés, pair de France, écrivain dramatique et journaliste : l'un des fondateurs du *Constitutionnel*.

Quelquefois le courage allait jusqu'à la chanson : alors, il était sombre pour huit jours et maltraitait les chefs de ses polices.

Ce qui envenimait ce chagrin, c'est qu'il se trouva fort sensible au plaisir d'avoir une cour.

Je ne serais pas étonné de penser qu'il fût timide auprès des femmes. Il craignait leurs plaisanteries. Cette âme, inaccessible à la crainte, se vengea d'elles aux jours de sa puissance, en exprimant sans cesse et crûment un mépris dont il n'eût point parlé s'il eût été réel.

Avant sa grandeur, il écrivait à son ami, l'ordonnateur Rey, à propos d'une passion qui captivait Lucien :

« *Les femmes sont des bâtons boueux; on ne peut les toucher sans se salir* »

Il voulait indiquer par cette image inélégante, les fautes de conduite auxquelles elles entraînent.

C'était une prédilection…

S'il haïssait les femmes, c'est qu'il craignait souverainement le ridicule qu'elles donnent.

Se trouvant à dîner avec Mme de Staël — qu'il lui eût été si facile de gagner — il s'écria, grossièrement, qu'il n'aimait que les femmes qui s'occupaient de leurs enfants[1].

Il voulut avoir, et il eut, dit-on, par son valet de chambre Constant, presque toutes les femmes de sa Cour.

L'une d'elles, nouvellement mariée, le second jour qu'elle parut aux Tuileries, disait à ses voisines :

— « Mon Dieu, je ne sais pas ce que l'Empereur me veut ; j'ai reçu l'invitation de me trouver à huit heures dans les petits appartements !

Le lendemain, les dames lui demandèrent si elle avait vu l'Empereur. Elle rougit extrêmement.

---

1. — « Je l'aimerais pour cette réponse ! » disait d'Aurevilly, devant qui l'on racontait un jour cette anecdote — trop citée

L'empereur, assis à une petite table, l'épée au côté, signait les décrets. La dame entrait ; il la priait de se mettre au lit, sans se déranger.

Bientôt, il la reconduisait lui-même avec un bougeoir et se remettait à lire ses décrets, à les corriger, à les signer.

L'essentiel de l'entrevue ne durait pas trois minutes. Souvent son mamelouck se trouvait derrière un paravent.

Il eut seize entrevues de ce genre avec Mlle Georges, et à l'une d'elles lui donna une poignée de billets de banque. Il s'en trouva quatre-vingt-seize.

Quelquefois même il priait la dame d'ôter sa chemise, et, sans se déranger, la renvoyait.

Il eût été plus aimable que Louis XIV s'il eût voulu se donner la moindre apparence d'une maîtresse et lui jeter deux préfectures, vingt brevets de capitaine et dix places d'auditeur à distribuer. Qu'est-ce que cela lui faisait ? Ne savait-il pas que sur les présentations de ses ministres, il nommait quelquefois les protégés de leurs maîtresses? Un politique devait-il nommer faiblesse ce qui lui eût donné toutes les femmes?

Il n'y aurait pas eu tant de mouchoirs blancs à l'entrée des Bourbons.

Par cette conduite l'empereur désespéra les femmes de Paris. Les renvoyer au bout de trois minutes pour signer ses décrets, souvent même ne pas quitter son épée, leur parut atroce... C'était leur faire mâcher le mépris.

Mais il haïssait, et la haine ne raisonne pas.

La femme, d'un de ses ministres commet une faute insignifiante; il a la barbarie de le lui dire. Le pauvre homme, qui adorait sa femme, tombe évanoui.

— « Et vous, M...! Croyez-vous n'être pas cocu? Votre femme a vu, mercredi dernier, à dix heures, le général Pi...! »

Rien n'était plus insipide, et l'on peut dire plus bête, que ses questions aux femmes dans les bals que donnait la Ville. Cet homme charmant avait alors le ton sombre et ennuyé :

— « Comment vous appelez-vous ?
— « Que fait votre mari ?
— « Combien avez-vous d'enfants ?

Quand il voulait combler la mesure de la distinction, il passait à la quatrième question :

— « Combien avez-vous de filles ?

Pour les dames de la Cour, le comble de la faveur était d'être invitée au *cercle* de l'impératrice.

Lors de l'incendie chez le prince Schwartzenberg, il voulut récompenser quelques dames ayant fait voir de la générosité dans ce grand danger qui se montra tout à coup au milieu des agréments d'un bal.

Le Cercle commençait à huit heures à Saint-Cloud. Il se trouvait composé, outre l'Empereur et l'Impératrice, de sept dames et de MM. de Ségur, de Montesquiou et de Beauharnais.

Les sept dames, dans une assez petite pièce et en très grand habit de cour, étaient rangées contre le mur. L'Empereur, auprès d'une petite table, regardait des papiers. Au bout d'un quart d'heure de silence profond, il se levait et disait :

— « Je suis las de travailler; qu'on fasse entrer Costaz, je verrai les plans des Palais.

Le baron Costaz[1], le plus boursouflé des hommes, entrait avec des plans sous le bras. L'Empereur se faisait expliquer les dépenses à faire l'année suivante à Fontainebleau, qu'il voulait achever en cinq ans.

Il lisait d'abord tout le projet, s'interrompant pour faire des observations à Costaz. Il ne trouvait point justes les calculs de remblais qu'avait faits celui-ci pour un étang qu'on voulait combler.

Et le voilà qui se met à faire des calculs

---

1. Le baron Louis Costaz, directeur général des Ponts et Chaussées, Conseiller d'Etat. Il fit partie de la mission scientifique attachée à l'expédition d'Egypte.

sur la marge du rapport, il oublie de mettre du sable sur ses chiffres, il les efface et se barbouille. Il se trompe. Costaz lui rappelle les sommes de mémoire.

Pendant ce temps, deux ou trois fois il se retourne vers l'Impératrice :

— « Eh bien, ces dames ne disent rien ? »

Alors on chuchote quelques mots à voix très basse sur les talents universels de Sa Majesté, et le silence le plus profond recommence. Trois quarts d'heure se passent, l'Empereur se retourne encore :

— « Mais ces dames ne disent rien, ma chère amie ! Demande un loto. »

L'on sonne, le loto arrive, et l'Empereur continue à calculer. Il s'est fait donner une feuille de papier blanc et recommence ses comptes ; de temps en temps sa vivacité l'emporte, il se trompe et se fâche. Dans ces moments difficiles, un des hommes qui tire les numéros du sac baisse encore plus la voix : celle-ci n'est plus qu'un remuement des lèvres. A peine les dames qui l'entourent peuvent deviner les numéros qu'il appelle.

Enfin, dix heures sonnent, le triste loto est interrompu et la soirée finit.

Autrefois, l'on serait venu à Paris dire qu'on revenait de Saint-Cloud; aujourd'hui une Cour est une chose bien difficile à créer.

L'Empereur eut un bonheur singulier; sa bonne étoile lui fit rencontrer un personnage unique pour être à la tête d'une Cour.

C'était le comte de Narbonne[1]. Il voulut le faire chevalier de l'Impératrice Marie-Louise. Cette princesse eut le courage bien étonnant de lui résister.

— « Je n'ai pas à me plaindre du chevalier d'honneur comte de Beauharnais.

— « Mais il est si bête !

— « C'est une réflexion que Votre Majesté pouvait faire en le nommant. Mais une fois

---

1. Le comte de Narbonne, ministre de la guerre sous Louis XVI, fut attaché à la cour peu de temps avant la campagne de Russie.

qu'il a été admis à mon service, il n'est pas convenable qu'il en sorte sans motif, et surtout qu'il en sorte sans moi.

L'Empereur n'eût point l'esprit de dire au comte de Narbonne.

— « Voilà cinq millions pour un an et un pouvoir absolu dans le département des niaiseries : faites-moi une Cour aimable.

La seule présence de cet homme charmant eût suffi [1].

L'Empereur aurait dû au moins se faire composer par lui des réparties spirituelles.

Le ministère de la police ne demandait qu'un mot à pouvoir porter aux nues.

Bien loin de là, l'Empereur semblait

---

1. *Ces gens-là sont les seuls qui sachent servir*, dit-il, lorsque M. le comte de Narbonne, chargé de lui remettre une lettre, la lui présenta sur le revers de son chapeau à trois cornes. S'il l'eût osé, Napoléon se fût entouré exclusivent de gens appartenant au faubourg Saint-Germain. (*Vie de Napoléon*).

Jamais le sang-froid nécessaire pour être aimable.
En un mot, Napoléon ne pouvait pas être Louis XV.

prendre à tâche de former sa Cour des plus ennuyeuses figures du monde.

Le prince de Neufchâtel, grand écuyer, était nul pour la Société où il portait presque toujours une humeur bourrue.

M. de Ségur avait été aimable; on ne pouvait certes pas en dire autant de MM. de Montesquiou, de Beauharnais, de Turenne, ni même de ce pauvre Duroc qui, à ce qu'on croit, tutoyait l'Empereur dans le particulier.

Rien de plus insipide que la tourbe des écuyers et des chambellans. De ceux-ci, on n'en voyait guère qu'une douzaine dans l'antichambre des palais, et toujours les mêmes figures; il n'y avait rien là qui pût rompre la monotonie de la Cour.

Il ne serait pas étonnant que l'Empereur, totalement étranger à l'esprit amusant, n'eût de l'éloignement pour les gens de ce caractère, si indispendensables dans une cour.

Tous les hommes de la Cour de Saint-Cloud étaient les plus honnêtes gens du monde. Il n'y avait nulle noirceur dans cette Cour dévorée d'ambition. Il n'y avait que l'ennui, mais il était assommant.

L'Empereur n'était jamais qu'un homme de génie. Il n'était pas dans sa nature de s'amuser. Un spectacle l'ennuyait, ou il le goûtait avec une telle passion que l'écouter et en jouir devenait pour lui le plus occupant des travaux.

Ainsi, fou de plaisir après avoir entendu Crescentini chanter *Roméo et Juliette* et l'air : *ombra adorata, aspetta mi*[1], il ne sortit de son transport que pour lui envoyer la couronne de fer[2].

De même quelquefois quand Talma jouait Corneille; de même quand il lisait Ossian;

---

1. Girolamo Crescentini « Jamais le sublime du cha— et de l'art dramatique n'arrivèrent à ce degré de perfection. L'entrée de Roméo, sa prière au troisième acte, ses cris de désespoir : *Ombra adorata aspetta*, tout cela fut d'un effet saisissant, au point que Napoléon et toute l'assistance fondirent en larmes (Castil-Blaze).

2. V. le *Mémorial*.

de même quand il faisait jouer quelque vieille contredanse aux soirées de la princesse Pauline ou de la reine Hortense, et qu'il se mettait à danser de tout son cœur.

Comme les arts ont fait d'immenses progrès pendant la Révolution et depuis la chute de la fausse politesse ; et comme l'Empereur avait un fort bon goût et voulait qu'on mangeât tout l'argent qu'il distribuait en appointements ou gratifications, les fêtes qu'on donnait aux Tuileries étaient charmantes.

Il n'y manquait que des gens amusables. Il n'y avait pas moyen d'avoir de l'aisance ou de l'abandon ; on était trop dévoré par l'ambition, par la crainte, ou par l'espérance d'un succès.

Sous Louis XV, la carrière d'un homme était faite d'avance ; il fallait de l'extraordinaire pour y déranger quelque chose.

1. D'un homme *du monde*, s'entend...

La jolie duchesse de Bassano donne des bals qui prennent fort bien. Les deux premiers sont fort jolis ; le troisième est divin. L'Empereur se trouve à Saint-Cloud, lui dit qu'il ne convient pas qu'un ministre donne des bals en frac, et enfin la fait pleurer.

On voit que chez les grands de la Cour la société ne pouvait durer qu'autant qu'elle se constituait en un état perpétuel de contrainte, d'insipidité et de réserve.

Les plus grands ennemis étaient mis en présence. Il n'y avait point de Société particulière.

La bassesse des courtisans ne se trahissait pas par des mots aimables comme sous Louis XV.

Le comte de La Place, chancelier du Sénat, fait une scène à sa femme parce qu'elle ne se pare pas assez pour aller chez l'Impératrice. Cette pauvre femme, très coquette, achète une robe charmante, et si charmante que malheureusement elle frappe la vue de l'Empereur qui vient à elle tout droit en entrant, et devant deux cents personnes lui dit :

— « Comme vous voilà mise, madame La Place...! Mais vous êtes vieille! Il faut laisser ces robes-là aux jeunes femmes. Cela ne convient plus à celles de votre âge! »

Malheureusement, Mme La Place, connue par ses prétentions, se trouvait dans ce moment difficile où il ne tiendrait qu'à une jolie femme de n'être plus jeune. Cette pauvre femme rentre chez elle désespérée. Les sénateurs, ses amis, sans lui rappeler le mot cruel, sont prêts — tant la chose était choquante — à trouver tort au maître quand elle en parlera.

Arrive M. de La Place qui lui dit.

— « Mais, Madame, quelle idée d'aller prendre une robe de jeune fille? Vous ne voulez absolument pas vieillir. Mais vous n'êtes plus jeune!... l'Empereur a raison. »

Pendant huit jours, on ne parla que de ce trait de courtisan, et il faut convenir qu'il n'est pas gracieux et qu'il ne fait honneur ni au maître ni au valet.

DE L'ARMÉE

DE L'ARMÉE

Les choix que Napoléon faisait dans ses revues continuelles et en consultant l'opinion publique et les soldats dans le régiment, étaient excellents. Ceux du prince de Neufchâtel fort mauvais.

L'esprit était un titre d'exclusion.

Cependant il est évident que la bêtise n'était nécessaire que chez les officiers de la garde, qui devaient surtout n'être pas des gens à se laisser émouvoir par une proclamation. Il ne fallait là que des instruments aveugles de la volonté de Mahomet.

La voix publique appelait à la place de major-général le duc de Dalmatie ou le comte de Lobau. Le prince de Neufchâtel en eût été plus content qu'eux; il était excédé des fatigues de sa place, et pendant des journées entières mettait les pieds sur son bureau, et, en se renversant dans son fauteuil, ne répondait qu'en sifflant à tous les ordres qu'on pouvait lui demander.

Ce qu'il y avait de divin dans l'armée française, c'étaient les sous-officiers et les soldats. Comme il en coûtait fort cher pour se faire remplacer à la conscription, on avait tous les enfants de la petite bourgeoisie.

Il n'était pas de sous-lieutenant qui ne crût fermement qu'en se battant bien et ne rencontrant pas de boulet, il ne devînt un jour maréchal de France. Cette heureuse illusion durait jusqu'au grade de général de brigade. On s'apercevait alors dans l'antichambre du prince vice-connétable qu'à moins de faire une belle action immédiatement sous les yeux du grand homme, il n'y avait de l'espoir que dans l'intrigue.

Le major-général s'environnait d'une espèce de cour pour tenir à distance les maréchaux qu'il sentait valoir mieux que lui.

Le prince de Neufchâtel, comme major-général, avait l'avancement dans toutes les armées hors de la France ; le ministre de la guerre ne s'occupait que de l'avancement des militaires employés en France, où il était de règle qu'on n'avançait qu'aux coups de fusil.

Un jour, dans un conseil de cabinet, le général de Gassendi, le respectable général Dejean, le ministre de l'intérieur et plusieurs autres se réunissaient pour supplier l'Empereur de faire chef de bataillon un capitaine d'artillerie qui devait rendre les plus grands services dans l'intérieur. Le ministre de la guerre rappelait que depuis quatre ans Sa Majesté avait effacé trois fois le nom de cet officier dans les décrets d'avancement. Tous avaient quitté le ton officiel pour supplier l'Empereur.

— « Non, Messieurs ! jamais je ne consentirai à avancer un officier qui n'est pas allé au feu pendant dix ans. Mais on sait assez que j'ai un ministre de la guerre qui me surprend des signatures. »

Le lendemain, l'Empereur signa sans lire le décret qui nommait ce brave homme chef de bataillon.

A l'armée, après une victoire ou après un simple avantage remporté par une division, l'Empereur passait toujours une revue. Après avoir passé dans les rangs, accompagné du colonel et parlé à tous les soldats qui s'étaient distingués, il faisait battre au ban et les officiers se réunissaient autour de lui.

Si un chef de bataillon avait été tué, il demandait tout haut quel était le plus brave capitaine.

Là, dans la chaleur de l'enthousiasme pour la victoire, et pour le grand homme, les avis étaient sincères, les réponses étaient loyales.

Si le brave capitaine n'avait pas de moyens pour être chef de bataillon, il lui donnait son avancement dans la Légion d'Honneur, et, revenant à sa question, demandait :

— « Après un tel, quel est le plus brave ?

Le prince de Neufchâtel tenait note des promotions avec son crayon.

Dans ces moments, j'ai vu des soldats pleurer de tendresse pour le grand homme.

Au reste, l'esprit de l'armée a varié. Farouche, républicaine, héroïque à Marengo, elle devint de plus en plus égoïste et monarchique.

A mesure que les uniformes se brodèrent et se chargèrent de croix, ils couvrirent des cœurs moins généreux; on éloigna ou on laissa languir tous les généraux qui se battaient par enthousiasme. Les intrigants triomphèrent et parmi ceux-ci l'Empereur n'osait pas punir les fautes.

Un colonel qui tombait ou qui se laissait choir dans un fossé toutes les fois que son régiment allait au feu, était fait général de brigade ou envoyé à l'intérieur.

L'armée était si égoïste et si corrompue à la campagne de Russie, qu'elle fut presque sur le point de mettre le marché à la main à son général. D'ailleurs, les inepties du major-général [1], l'insolence de la garde pour qui étaient toutes les préférences et qui depuis longtemps ne se battait plus, étant la réserve de l'armée, aliénaient bien des cœurs à Napoléon.

La bravoure n'était diminuée en rien : il est impossible que le soldat d'un peuple vaniteux ne se fasse pas tuer mille fois pour être l'homme le plus brave de sa compagnie. Mais le soldat, n'ayant plus de subordination, manquait de prudence et détruisait ses forces

---

[1]. On peut affirmer que le prince Berthier a été la cause directe d'une bonne moitié des malheurs de l'armée française, à partir de la bataille d'Eylau, où, par sa faute, un corps d'armée ne donna pas (le corps du maréchal Bernadotte).

Il était tellement usé et fatigué, que lorsqu'on allait lui demander des ordres, on le trouvait souvent renversé dans son fauteuil, les pieds appuyés sur sa table. On ne distinguait d'autre mouvement, dans cette âme dépourvue de toute activité, qu'une aversion bien prononcée pour les généraux qui montraient du caractère et de l'énergie, choses tous les jours plus rares dans l'armée. (*Vie de Napoléon.*)

physiques avec lesquelles seules le courage pouvait tomber (?)

Un colonel de mes amis me racontait, en allant en Russie, que depuis trois ans *il avait vu passer trente-six mille hommes dans son régiment*. Chaque année il y avait moins d'instruction, moins de discipline, moins de patience, moins d'exactitude dans l'obéissance.

Quelques maréchaux, comme Davout et Suchet, soutenaient encore leurs corps d'armée. Mais la plupart semblaient se mettre à la tête du désordre.

L'armée ne savait plus faire masse : de là les avantages que les cosaques (de misérables paysans mal armés) étaient destinés à remporter sur la plus brave armée de l'univers.

J'ai vu vingt-deux cosaques, dont le plus âgé n'avait pas vingt ans, et deux ans de service, mettre en désordre et en fuite un convoi de cinq cents français, où se trouvaient cinq généraux, et cela dans la campagne de Saxe, en 1813.

Ils n'auraient rien fait contre l'armée républicaine de Marengo; mais comme une telle armée ne se retrouve plus, le souverain qui est maître des cosaques est maître du monde.

DES MINISTRES

DES MINISTRES

Le grand malheur de Napoléon est d'avoir eu sur le trône trois des faiblesses de Louis XIV. Il aima jusqu'à l'enfantillage la pompe de la Cour. Il prit des sots pour des ministres, et, s'il ne croyait pas les former, comme Louis prétentait former de Chamillard, il crut du moins que, quelle que fût l'ineptie des rapports qu'ils lui faisaient, il saurait démêler le vrai jour de l'affaire..

Enfin, Louis XIV aimait les talents. Napoléon ne les aimait pas. On le voit renvoyer Lucien et Carnot, hommes supérieurs, qui avaient précisément les parties qui lui manquaient.

On le voit aimer et souffrir Duroc, le prince de Neufchâtel, le duc de Bassano, le duc d'Abrantès, le duc de Massa, le duc de Feltre, Marmont, le comte de Cessac, etc., tous gens parfaitement honnêtes et fort estimables, mais qu'un public malin s'est toujours obstiné à trouver ineptes.

Quand l'air empesté de la Cour eut tout à fait corrompu Napoléon et exalté son amour-propre jusqu'à un état maladif, il renvoya Talleyrand et Fouché, et les remplaça par les plus bornés de ses flatteurs.

L'Empereur en arriva au point de croire pouvoir démêler l'affaire la plus embrouillée en vingt minutes. On le voyait faire des efforts d'attention incroyables et impossibles à tout autre homme, pour tâcher de com-

---

1. L'Empereur périt par deux causes :

1° L'amour qu'il avait pris pour les gens médiocres, depuis son couronnement.

2° La réunion du métier d'empereur à celui de général en chef. Toute la soirée qui précéda la journée du 18 juin 1811 à Leipsick, fut prise par le métier d'empereur; il s'occupa à dicter des ordres pour l'Espagne, et non les détails de la retraite du lendemain, qui manqua d'ordre. (*Vie de Napoléon.*)

prendre un rapport prolixe et sans ordre, en un mot, fait par un sot qui, lui-même, ne savait pas l'affaire.

Il disait du comte de Cessac, l'un de ses ministres :

— « *C'est une vieille femme!* » et il le gardait.

Il croyait tout savoir sur tout, et n'avoir plus besoin que de secrétaires-rédacteurs de ses pensées. Cela peut être juste chez le chef d'une République où la chose publique profite de l'intelligence du moindre citoyen; mais non dans le chef d'un despotisme qui ne souffre l'existence d'aucun *corps*, d'aucune règle.

Les grands succès du duc de Bassano lui venaient pour avoir deviné sur une affaire la pensée de l'Empereur que celui-ci ne lui avait pas encore communiquée. Tel n'était pas le rôle de Sully auprès de Henri IV; tel ne serait pas le rôle d'un simple honnête homme auprès d'un souverain, et surtout d'un souverain dont l'effrayante activité voulait décider par décret même d'une dépense de cinquante francs.

Depuis deux siècles, un ministre, en France, est un homme qui signe quatre cents dépêches par jour et qui donne à dîner.

C'est une existence absurde.

Sous Napoléon ces pauvres gens se tuaient de travail, mais d'un travail sans pensées, d'un travail nécessairement absurde.

Pour être bien reçu de l'Empereur, il fallait toujours pouvoir répondre au problème qui l'agitait au moment où l'on entrait.

Par exemple « *à combien monte le mobilier de tous mes hôpitaux militaires?*

Le ministre qui ne répondait pas franchement et en homme qui ne se serait occupé que de cette idée toute la journée, était vilipendé, eût-il eu, d'ailleurs, les lumières du duc d'Otrante.

Quand Napoléon apprit que Crétet, le meilleur ministre de l'Intérieur qu'il ait eu, allait succomber à une maladie mortelle :

— « *Rien de plus juste*, dit-il. *Un homme que je fais ministre ne doit plus pouvoir pisser au bout de quatre ans.*

C'est un honneur et une fortune éternelle pour sa famille !

Ces pauvres ministres étaient réellement hébétés par ce régime. L'estimable comte Dejean fut obligé de lui demander grâce un jour. Il calculait les dépenses de la guerre sous la dictée de l'Empereur et était tellement *ivre* de chiffres et de calculs, qu'il fût forcé de l'interrompre et de lui dire qu'il ne comprenait plus.

Un autre ministre tomba de sommeil, appuyé sur son papier, pendant que l'empereur lui parlait; il ne se réveilla qu'au bout d'un quart d'heure, toujours parlant à Sa Majesté et lui répondant ; et c'était une des meilleures têtes.

La faveur des ministres avaient des phases d'un mois ou six semaines. Quand un de ces pauvres gens voyait qu'il ne plaisait plus au maître, il redoublait de travail, devenait jaune et redoublait de complaisance envers le duc de Bassano.

Tout à coup, et à l'improviste, la faveur revenait; leurs femmes étaient invitées au Cercle et ils étaient ivres de joie.

Cette vie tuait, mais n'admettait pas l'ennui ; les mois passaient commes des journées.

Quand l'Empereur était content d'eux, il leur envoyait une dotation de dix mille livres de rente.

Un jour, s'étant aperçu de quelque lourde sottise que lui avait fait faire le duc de Massa il le renversa avec sa robe rouge[1] sur un canapé et lui donna quelques coups de poing. Honteux de cette vivacité, il lui envoya soixante mille francs le lendemain.

J'ai vu un de ces généraux les plus braves soutenir qu'un soufflet de l'Empereur ne déshonorait pas, que ce n'était qu'une sim-

1. Le grand duc de Massa était Grand-Juge.

ple marque de mécontentement du chef de la France.

Cela est vrai, mais il faut être bien libre de préjugés.

Une autre fois, l'Empereur donna des coups de pincettes au prince de Neufchâtel.

Le duc d'Otrante, le seul homme d'un esprit vraiment supérieur qui fût parmi les ministres, s'était exempté de l'énorme travail de plume par lequel les autres cherchaient la faveur du maître.

Les ducs de Massa et de Feltre étaient incapables même de ce travail mécanique ; l'Empereur, ennuyé des inepties de ce dernier, faisait examiner son travail par le comte de Lobau.

Les ministres de la marine et de l'intérieur (comtes Decrès et Montalivet) étaient des gens d'esprit qui ne faisaient que des sottises : n'avoir pas lancé deux cents frégates armées sur le commerce anglais, n'avoir pas formé assez vite des matelots sur le Zuiderzée et mille autres inepties.

Pour le second, les gardes d'honneur, qui ne devaient enlever que cinq ou six cents bavards qui parlaient mal du gouvernement dans les cafés et qui désolaient de la manière la plus injuste et la plus odieuse des milliers de familles.

Mais le comte de Montalivet voulait être duc, et cependant c'était un homme supérieur.

En 1810, la voix publique désignait à l'Empereur MM. de Talleyrand et Fouché, Merlin pour la Justice, Soult pour major-général, Carnot ou le maréchal Davout pour la guerre, Daru pour les dépenses et les marchés de de la guerre, Chaptal pour l'intérieur, Mollien et Gaudin pour les finances, Réal pour la Secrétairerie d'État; Béranger, Français, Montalivet, Thibaudeau pour les directions; Le Voyer-d'Argenson, Lezay-Marnézia, le comte de Lobau, Lafayette, Gay, Merlin de Thionville pour le Conseil d'État.

On voit qu'il a suivi cette indication en partie.

Cependant, il y avait dans son ministère quatre ou cinq hommes d'une infériorité telle, que les souffrir là marque bien sa haine pour les talents.

C'eût été bien pis dans quelques années.

Les gens qui avaient acquis dans la Révolution la véritable expérience des affaires allaient se dégoûter et les jeunes gens qui auraient pu les remplacer ne cherchaient qu'à faire assaut de servilité.

Etre bien reçu de M. le duc de Bassano était le suprême bonheur.

Voulait-on se perdre à jamais dans la cour de ce duc? Il fallait montrer de la pensée. Ses favoris étaient des gens accusés de ne savoir pas lire.

Comment donc la France marchait-elle avec des ministres qui suivaient une route si absurde?

La France marchait par l'extrême émulation que Napoléon avait inspirée à tous les rangs de la société. La gloire était la vraie législation des Français. Le moindre garçon pharmacien, travaillant dans l'arrière-boutique de son maître, était agité de l'idée que, s'il faisait une grande découverte, il aurait la Croix et serait fait comte.

Partout où Napoléon se montrait, et il parcourait partout son vaste empire, si le vrai mérite pouvait percer le rempart de ses ministres et de ses chambellans, il était sûr d'une immense récompense.

Les hommes qui s'étaient rendus utiles à la patrie avaient la croix.

Dans les commencements, elle avait été un peu prodiguée, mais, par la suite, cet ordre comptait à peine, parmi ses membres, un dixième de gens sans mérite.

C'est le contraire aujourd'hui[1] : si l'on veut avoir la liste de ce qu'il y a de plus plat et de plus sot en France, il faut prendre celle des gens qui ont eu la Légion d'Honneur depuis trois ans.

---

1. 1837.

DU CONSEIL D'ÉTAT

DU CONSEIL D'ÉTAT

La plupart des décrets organiques étaient envoyés au Conseil d'Etat.

Aucun souverain ne pourra de longtemps en avoir de pareil. Napoléon avait hérité de tous les gens de talent formés par la révolution. Il n'y avait d'exception que pour un très petit nombre qui avaient trop marqué dans une partie.

Par mépris pour les hommes, indifférence pour les choix et laisser-aller aux circonstances, il avait enterré dans le Sénat plusieurs hommes dont la probité ou les talents eussent été plus profitables au Conseil d'Etat. Tels étaient le général Canclaux, M. Boissy d'Anglas, le comte de Lapparent, Rœderer, Garnier, Chaptal, François de Neufchâteau, Sémonville.

Le comte Siéyès, Volney, Lanjuinais avaient trop marqué par des opinions libérales et dangereuses.

Volney, le jour du Concordat, lui avait prédit tous les chagrins que lui donnerait le Pape. A ces hommes près, le Conseil d'Etat était ce qu'il y avait de mieux dans les circonstances.

Il était divisé en cinq sections : les sections de législation, de l'intérieur, des finances, de la guerre, de la marine.

Le ministre de la guerre présentait un décret : l'organisation des Invalides, par exemple; l'Empereur le renvoyait à la section de la guerre qui ne demandait pas mieux que de trouver des torts au ministre.

Les décrets renvoyés étaient discutés, dans la section qu'ils concernaient, par six conseillers d'Etat et quatre maîtres des requêtes. Il y avait sept à huit auditeurs.

La section faisait un rapport qu'on imprimait à mi-marge avec celui du ministre; on distribuait la feuille imprimée aux quatre conseillers d'État, et les deux projets étaient discutés à une séance présidée par l'Empereur ou par l'archi-chancelier Cambacérès.

Très souvent on renvoyait de nouveau le décret à la section et il y avait quatre ou cinq rédactions différentes imprimées et distribuées, avant que l'Empereur ne se déterminât à signer.

Voilà une invention excellente que l'Empereur a portée dans le despotisme. Voilà un digne pouvoir qu'un ministre qui sait son affaire ne manque pas d'acquérir par un souverain faible ou du moins qui ne sait l'affaire qu'à demi.

Les séances du Conseil d'État étaient brillantes pour l'Empereur. Il est impossible d'avoir plus d'esprit.

Dans les affaires les plus étrangères à son métier de général, dans les discussions sur le Code civil, par exemple, il étonnait toujours.

C'était une sagacité merveilleuse, infinie; étincelant d'esprit, saisissant, créant dans toute question des rapports inaperçus ou nouveaux; abondant en images vives, pittoresques, en expressions animées et pour ainsi dire *dardées*, plus pénétrantes par l'incorrection même de son langage toujours un peu imprégné d'étrangeté, car il ne parlait correctement ni le français ni l'italien.

Ce qu'il y avait de charmant, c'était sa franchise, sa bonhomie.

Il disait un jour qu'on discutait une affaire qu'il avait avec le Pape :

« — Cela vous est bien aisé à dire, à vous. Mais si le Pape me disait : « Cette nuit l'ange Gabriel m'est apparu et m'a dit telle chose, je suis obligé de le croire. »

Il y avait au Conseil d'État des têtes du Midi qui s'animaient, allaient fort loin et souvent ne se payaient pas de mauvaises raisons; le comte Bérenger, par exemple. L'Empereur n'en gardait aucune rancune ; au contraire, souvent même il les animait à parler.

« — Eh bien? baron Louis, qu'avez-vous à dire là-dessus ? »

Son bon sens corrigeait à tout moment les vieilles absurdités admises par prescription dans les peines. Il était excellent, critiquant la jurisprudence contre le vieux comte Treilhard [1].

Plusieurs des sages dispositions du Code Civil viennent de Napoléon; particulièrement dans le Titre du Mariage.

1. Nulle part l'Empereur ne se montra plus entraînant, plus pittoresque et plus séducteur que dans les séances du Conseil d'Etat. Dès les premiers temps, il aima cette besogne grandiose de constructeur de la France civile. Il s'y préparait avec coquetterie, et pour mettre en valeur sa verve, ses façons vives et familières, il permettait à ses interlocuteurs, au moins pendant le Consulat, un ton et une allure de franche liberté. Parfois, à la fin des séances, on voyait Bonaparte assis à la façon des écoliers sur le coin du bureau, et, balançant ses jambes, si petit que ses pieds ne touchaient pas le sol, il causait avec les conseillers, les maîtres des requêtes, les auditeurs qui se pressaient autour de lui (*).

(*) *Napoléon et le jury*, par M. Jean Cruppi, une des œuvres les plus fortes et les plus littéraires qui aient été écrites sur le rôle de Napoléon au Conseil d'Etat.

Les séances du Conseil étaient une partie de plaisir. Cambacérès le présidait sans lui et en son absence. Il y montrait un talent supérieur, une raison profonde. Il résumait fort bien. Il calmait les amours-propres [1].

C'est à lui qu'on doit l'admirable administration de la France, cette administration

---

[1]. Pendant les discussions du *Code civil* au Conseil d'État, on voyait ce puissant génie deviner, en courant, toutes les conséquences des vérités que MM. Treilhard ou Boulay (de la Meurthe) énonçaient devant lui. Ces vérités, elles étaient nouvelles pour lui, et elles n'étaient nouvelles pour aucun des quarante conseillers d'État ou maîtres des requêtes, qui assistaient à la séance. Il est vrai aussi qu'avec une rapidité inimaginable à qui n'en a pas été témoin, il arrivait à des conséquences d'une haute justesse, et que ni Treilhard, ni Boulay n'auraient jamais entrevues. Il est vrai aussi qu'arrivant tard dans la science et avec tout le bon sens d'un homme fait, il ne se laissait point prendre aux petits préjugés qui gâtent encore les sciences les mieux faites. C'est ce qu'on voit bien dans la discussion sur le divorce et dans celle sur les testaments. A leur tour, Treilhard et Boulay étaient effrayés de ces éclairs de génie si nouveaux, et Napoléon les défendait contre eux-mêmes.

(*Vie de Napoléon.*)

que, malgré les habitudes rompues, la Belgique, l'Italie et les provinces du Rhin regrettent encore.

L'empereur ne voulait ni encourager parmi les citoyens la dangereuse vertu des républiques, ni faire de grandes écoles, comme l'Ecole polytechnique.

Voyez s'il était loin de là : il n'alla jamais voir l'Ecole polytechnique, grand établissement militaire, et dont le succès, payant les espérances des philosophes qui la fondèrent, avait déjà rempli l'armée d'excellents chefs de bataillon et capitaines.

Avec ces deux conditions attirantes, l'administration française fut ce qu'on pourra jamais faire de mieux. Il y avait, dit-on, trop d'écritures et de bureaucratie. Les gens qui font cette observation oublient que l'empereur ne voulait pas, absolument pas, de l'incommode reste des républiques.

Le despote disait aux sujets:

— Croisez-vous les bras, mes préfets se chargent de tout faire pour vous. Pour prix d'aussi doux repos, je ne vous demande que des enfants et de l'argent.

La plupart des généraux s'étant enrichis en volant, il fallait, à force d'inspections et de contre-inspections, rendre les friponneries impossibles.

Jamais despote n'aura d'administrateur comme le comte Français, de Nantes, pour les Droits réunis rapportant 180 millions. et comme le comte Montalivet pour les Ponts et Chaussées qui en coûtaient 30 ou 40.

Le comte Duchâtel, l'impitoyable directeur de l'administration des Domaines, quoique devant sa place à sa femme, était excellent.

Le comte Lavalette, directeur des Postes, pouvait compromettre la moitié de la France. Ainsi que le duc d'Otrante, dans ce genre, il n'a fait que l'indispensable.

C'est une grande louange ; cela tient à l'honnêteté du caractère. Le comte Daru, le plus probe des hommes, avait un talent supérieur pour faire vivre une armée [1]

Le comte de Sussy était un bon directeur des Douanes.

L'Empereur était ennemi mortel du commerce qui faisait les gens indépendants, et le comte de Sussy était mille fois trop

---

[1] « Cet homme rare, prodige d'ordre et de travail était timide dans tout ce qui avait rapport à la politique, et était surtout grand ennemi des jacobins qui, pendant la Terreur, l'avaient jeté en prison.

Sous le nom d'*intendant général*, l'empereur avait chargé le comte Daru d'une grande partie des fonctions du major-général.

Il administrait les vivres, les finances de l'armée, les pays conquis divisés en intendances...

Les malheurs de l'armée, provenant du manque absolu de raison dans les détails, donnaient des accès de colère au comte Daru, dont la brusquerie devint célèbre dans l'armée. Chose unique à cette époque, il osait tenir tête aux maréchaux. Il était d'une probité sévère ; aussi l'Empereur lui donna-t-il une dotation de soixante-dix mille francs de rente ; et tous les premier de l'an il lui faisait cadeau de dix mille francs de rente. »

Vie de Napoléon.

Le comte Daru était le parent et le protecteur de Beyle. Collignon : *l'Art et la Vie de Stendhal*; R. Colomb, etc.

courtisan pour défendre le commerce contre la haine du Maître.

Merlin à la Cour de cassation, Pelet de la Lozère à la Police, étaient excellents.

Il offensait beaucoup plus qu'il ne punissait, disait un des hommes qui a le plus ressenti le poids de sa colère.

La presse était dans les mains de l'Empereur un instrument pour avilir ou dégrader tout homme qui avait encouru son déplaisir. Mais, quoique violent et sans frein dans ses emportements, il n'était ni cruel ni vindicatif.

Tout ce qu'il y avait de bon au Conseil d'État était de vieux libéraux, nommés Jacobins, qui avaient vendu leur conscience à l'Empereur pour des titres et vingt-cinq mille francs par an. La plupart de ces gens à talent étaient à genoux devant un cordon et presque aussi bas que les comtes Laplace et Fontanes.

Le Conseil d'État fut excellent jusqu'à ce que l'Empereur se fût fait une Cour : jusqu'en 1810. Alors les ministres aspirèrent ouvertement à devenir ce qu'ils étaient sous Louis XIV. Il devint dupe et par conséquent ridicule de s'opposer franchement aux projets de décret d'un ministre. Encore quelques années, et il fût devenu impoli et choquant chez un rapporteur de section d'être d'un avis opposé à celui du ministre. Toute franchise dans le style fut bannie.

L'Empereur appela au Conseil d'État plusieurs hommes qui, bien loin d'être des enfants de la Révolution, n'avaient acquis dans les préfectures que l'habitude d'une servilité outrée et d'un respect aveugle pour les ministres (Molé, Chauvelin, Fréville, Néville).

Le suprême mérite d'un préfet était d'imiter un intendant militaire en pays conquis, c'est-à-dire tirer beaucoup d'argent sans faire crier la poule.

Le comte Regnault de Saint-Jean d'Angely, le plus corrompu des hommes, devint peu à peu le tyran du Conseil d'État. On sentit le manque d'honnêtes gens — non pas qu'on se laissât acheter : il n'y avait guère de probité douteuse que celle de Regnault — mais il manquait de ces honnêtes gens, un peu bourrus, que rien ne peut empêcher de dire une vérité qui déplaît aux ministres.

Les frères Cafarelli étaient de ce caractère. Mais tous les jours cette vertu devenait de plus en plus gothique et plus ridicule. Il n'y avait guère plus que les comtes de Fermon et Andréossi, qui, portés par leur caractère taquin, osassent ne pas être à genoux devant les projets des ministres. Ceux-ci mettant leur vanité à faire passer les projets de décret de leurs bureaux, peu à peu les Conseillers d'État étaient remplacés par les commis, et les projets de décrets n'étaient plus discutés que par l'Empereur au moment de les signer.

Enfin, à la chute de l'Empire, ce Conseil d'État qui avait créé le Code civil et l'Administration française, était devenu presque insignifiant et ceux qui voyaient de loin dans les projets des ministres parlaient de le détruire.

Vers la fin de son règne, l'Empereur tenait souvent Conseil des ministres ou Conseil de cabinet, auquel on appelait quelques sénateurs ou quelques conseillers d'État. On agitait là les affaires que l'on ne pouvait pas confier à une cinquantaine de personnes. C'était le vrai Conseil d'État; il eût été excellent si on avait pu y faire entrer l'indépendance, je ne dis pas à l'égard du Maître, mais à l'égard des ministres influents.

Qui aurait osé dire devant le comte Montalivet que l'administration intérieure déclinait tous les jours, que chaque jour l'on perdait quelque chose des bienfaits de la Révolution?

DE L'ADMINISTRATION

DE L'ADMINISTRATION

Treize ans et demi de succès firent d'Alexandre le Grand une espèce de fou. Un bonheur exactement de la même durée produisit chez Napoléon la même folie. La seule différence, c'est que le héros macédonien eut le bonheur de mourir.

Quelle gloire n'eût pas laissé Napoléon comme conquérant s'il avait rencontré un boulet, le soir de la bataille de la Moskowa !

L'Angleterre et ses écrits pouvaient empêcher la folie du héros moderne. Il eut le malheur d'être trop bien obéi dans sa fureur contre la presse anglaise. Aujourd'hui c'est cette ennemie si abhorrée qui fait sa seule consolation [1].

1. Écrit en 1820.

En 1808, par les changements qu'un orgueil non contrarié depuis huit ans et la *couronomamie* avaient produit dans le génie de Napoléon, il arriva que de ses douze ministres, huit au moins étaient des gens médiocres qui n'avaient d'autre mérite que de se tuer de travail.

Le duc de Bassano, qui jouissait de la plus grande influence dans les affaires autres que militaires, homme aimable dans un salon, était, dans le cabinet, de la plus incurable médiocrité. Non seulement il n'avait pas de grandes visées, mais il ne les comprenait pas. Tout se rapetissait en passant par cette tête.

Il avait tout juste les talents d'un journaliste, métier par lequel il avait débuté à Paris.

Il est vrai que sa place l'obligeait à être nuit et jour avec le Maître.

Un homme à caractère eût été offensé des accès d'humeur et des impatiences de l'Empereur, et quelque courtisan qu'il eût été, sa physionomie eût gêné l'Empereur.

Le duc de Bassano choisit tous les préfets de France et ne leur demande d'autre talent que de plumer la poule sans la faire crier. Les malheureux, pleins de vanité, se tuant de travail et mangeant tous leurs appointements dans une représentation folle, tremblaient chaque matin, en ouvrant le *Moniteur*, d'y trouver leur destitution.

Un de leurs principaux moyens de plaire était d'anéantir jusqu'à la dernière étincelle *l'esprit public*, qui s'appelait alors, comme aujourd'hui, le jacobinisme.

Une petite commune de campagne voulut en 1811, employer pour 60 francs de mauvais pavés rejetés par l'ingénieur chargé de la grande route. Il fallut 14 décisions du préfet, du sous-préfet, de l'ingénieur et du ministre. Après des peines incroyables et une extrême activité, l'autorisation nécessaire arriva enfin, onze mois après la demande et les mauvais pavés se trouvèrent avoir été employés pour remplir quelque trou de la route.

Un commis nécessairement ignorant, entretenu à grands frais dans un coin de ministère, décidait à Paris et à 200 lieues de la commune, une affaire que trois délégués du village auraient arrangée au mieux et en deux heures. On ne pouvait ignorer un fait si palpable et qui se reproduisait cinq cents fois par an.

Mais la première affaire était d'abaisser le citoyen, et surtout de l'empêcher de délibérer, habitude abominable que les Français avaient contractée dans les temps du jacobinisme. Sans ces précautions jalouses, aurait pu reparaître cet autre monstre si abhorré par les gouvernements successifs qui ont exploité la France, je veux dire l'*esprit public*. On voit d'où venait l'énorme travail qui tuait les ministres de l'Empereur.

Paris voulait se charger de *digérer* pour la France. On voulait faire faire toutes les affaires du pays par des gens qui, eussent-ils été des aigles, les ignoraient nécessairement.

L'existence du commis tend fatalement à l'hébéter. La première affaire, lorsqu'il débute dans un bureau, est d'avoir une belle main et de savoir employer la sandaraque. Tout le reste de sa carrière consiste à lui faire prendre continuellement la forme pour le fond. S'il réussit à accrocher un certain air important, rien ne lui manque. Tous ses intérêts le portent à favoriser l'homme qui parle sans avoir vu. Témoin et victime des plus misérables intrigues, le commis réunit les vices des Cours à toutes les mauvaises habitudes de la misère, dans laquelle il végète les deux tiers de sa vie.

Voilà les gens à qui l'Empereur jeta la France; il est vrai qu'il pouvait les mépriser.

Une chose qui peint l'époque, ce sont les comptes de papier de chaque ministère. Cela va à l'incroyable. Ce qui l'est autant pour le moins, c'est la quantité de travail inutile et forcément mauvais que faisaient ces malheureux ministres et ces pauvres préfets. Par exemple, une des grandes affaires de ceux-ci était d'écrire de leur propre main tous leurs rapports, mêmes les différentes copies du même rapport pour les divers ministères, et plus ils travaillaient ainsi, plus le département dépérissait.

Le département qui allait le mieux en France était celui de Mayence, qui avait pour préfet Jean de Bry, lequel se moquait ouvertement de la bureaucratie ministérielle.

Quel était donc le mérite de cette administration impériale si regrettée par la France, et par la Belgique, le Piémont, les Etats de Rome et de Florence?

C'étaient des règles générales et des décrets organiques dictés par la plus saine raison. C'était l'entière extirpation de tous les abus accumulés dans l'administration de chaque pays, par deux ou trois siècles d'aristocratie et de pouvoir astucieux. Les règles générales de l'administration française ne protégeaient que deux choses : le travail et la propriété ; cela a suffi pour faire adorer ce régime.

D'ailleurs, la décision ministérielle qui arrivait de Paris après six mois, si elle était souvent ridicule par l'ignorance des détails, était toujours impartiale. Et il y a tel pays que je ne nommerai pas, où le moindre juge de paix ne peut pas envoyer une citation sans commettre une criante injustice au profit du riche contre le pauvre. Ce régime n'a été interrompu que pendant l'apparition du gouvernement français (Italie, 1817).

Le Conseil d'État de l'Empereur sentait bien que le seul système raisonnable était que chaque département payât son préfet, son clergé, ses juges, ses routes départementales et communales, et qu'on n'envoyât à Paris que ce qu'il fallait pour le souverain, les armées, les ministres, et enfin les dépenses générales.

Ce système si simple était la bête noire des ministres. L'Empereur n'aurait plus pu voler les communes, et tout cela contrariait l'administration phrasière et les fortunes de bureau, en un mot, la fatale influence de l'égoïste Paris.

Toutes les petites gens de lettres qui avilissent la littérature et servent au parti vainqueur à injurier le parti vaincu et à exalter sa propre insolence, vivent par un bureau.

DE L'ALLEMAGNE

VOYAGE A BRUNSWICK

> Beyle alla à Brunswick (1806) en qualité d'élève commissaire des guerres. En 1808, au petit palais de Richemont, (à dix minutes de Brunswick) qu'il habitait en qualité d'intendant, il commença une Histoire de la guerre de la succession d'Espagne.
>
> (Extrait d'un Article nécrologique écrit par Beyle en 1837.)

En 1806, par la protection puissante du comte Daru, alors intendant général de la liste civile de l'Empereur, M. de Beyle [1] est nommé inspecteur du mobilier et des bâtiments de la Couronne à Brunswick.

---

1. Ce fut le comte Daru qui imposa la particule; Beyle la reprit plus tard, quand il accompagna le comte de Saint-Vallier à Grenoble, lors de l'organisation de la défense nationale (1814).

Le nom de *Bayle* ou *Beyle*, appartenait à trois familles nobles du Dauphiné : les Beyle, issus de Jean Bayle, président au Parlement de Grenoble, les

L'année suivante — après avoir fait, en amateur, la campagne d'Allemagne et assisté, en spectateur, à la bataille d'Iéna — un décret daté de Kœnigsberg (11 juillet, 1807) confère à l'ancien aide de camp du général Michaud le grade d'adjoint aux commissaires des guerres.

On sait, par la touchante et minutieuse *Notice* de Raoul Colomb, et un peu par les biographies fantaisistes que Beyle a rédigées lui-même sous la forme d'articles nécrologiques — le fonctionnaire dévoué, ponctuel et courageux qu'il fut durant son séjour dans le duché de Brunswick.

Son enthousiasme pour Napoléon; le louable désir de justifier la bienveillance du comte Daru; son goût de l'autorité et, surtout, la volonté de parvenir à une situa-

---

Bayle-la-Tour et les Bayle de Miribel. La première de ces familles, dont était Henry Beyle, portait : *d'or au chevron d'azur, accompagné de trois roses de gueules.*

Bayle, en vieux français, signifie bailli. Dans la vallée d'Andorre, le suppléant du juge porte encore ce titre ancien.

tion qui le mit désormais à l'abri de ces inquiétudes matérielles, dont il eut si cruellement à souffrir à quelques époques de sa vie, firent de lui un administrateur hors de pair.

Chargé, un jour, de choisir et d'envoyer en France les livres rares et les manuscrits que la Bibliothèque Impériale *demandait* à la Bibliothèque de Wolfenbüttel, il se signale, le lendemain, par la défense héroïque d'un hôpital. Avec le même sang-froid qu'il déployait plus tard, dans la retraite de Russie, lorsque, le matin sinistre du passage de la Bérésina, il se présentait devant le comte Daru tout fraîchement rasé et paré comme pour un bal, Beyle, pendant que l'ennemi crible de projectiles les fenêtres et les portes de l'hôpital, fait lever les malades en état de porter une arme, les réunit, les anime de sa parole, se met à leur tête et, sabre au poing, opère une sortie si vigoureuse que les Allemands, surpris, s'enfuient en déroute.

Malgré une existence aussi active, Beyle s'ennuie profondément à Brunswick.

Son projet — le plus bizarre, assurément — d'écrire une *Histoire de la Guerre de la Succession d'Espagne*, en est la preuve éloquente.

Ce ne fut là, à n'en point douter, qu'un dessein en l'air, ou le simple caprice d'une heure, dont, par la suite, il ne sera plus jamais question. A moins, cependant — les deux versions sont admissibles — que les documents nécessaires ne lui aient fait défaut dans le moment où il voulut entreprendre un travail d'aussi longue haleine.

Au reste, si l'œuvre annoncée dans l'article nécrologique de 1837 avait existé réellement, la patiente piété des stendhaliens eût vite fait de l'exhumer. *La petite Chapelle*, avec ses curés, son bedeau et ses fidèles, veille jalousement sur tout ce qui constitue les éléments de son culte. Il serait extraordinaire qu'un manuscrit de Beyle échappât à tant de vigilance.

D'autres projets et d'autres travaux occupèrent Henry Beyle pendant les trois années qu'il vécut en Allemagne. Parmi ces projets et parmi ces travaux, il convient de placer, en première ligne, les pages intitulées : *Voyage à Brunswick*.

Notes incomplètes, observations sommaires, aperçus indiqués à peine, ces pages devaient, dans l'esprit de leur auteur, former comme la préface d'une vaste étude sur l'Allemagne ou pour mieux dire, comme l'entrée en matière d'un livre dans lequel le duché de Brunswick n'eût tenu que la place d'une anecdote.

Ambition téméraire, si l'on songe qu'à cette époque Beyle avait à peine vingt-cinq ans, qu'il ne connaissait pas l'Allemagne et que les deux années qu'il venait de passer à Paris, dans les salons, dans l'atelier du peintre Regnault, dans les bureaux des Daru, le préparaient insuffisamment à une pareille entreprise.

Pourtant, à parcourir les brèves notes qui suivent, comment ne point deviner le curieux ouvrage qu'il aurait pu écrire? Comment ne point regretter l'Allemagne vivante, originale, incomplète peut-être, mais si caractéristique par le détail, qu'il aurait su voir et qu'il était le seul, alors, à pouvoir comprendre et à pouvoir peindre?

Beyle eut-il conscience de la difficulté de cette tâche? Remit-il à plus tard l'exécution de son projet? Il dût, dans tous les cas, réunir des documents. *Le Voyage à Brunswick* en faisait nécessairement partie.

J. DE M.

DE L'ALLEMAGNE

VOYAGE A BRUNSWICK

Avril, 1808.

Je suis arrivé, le 13 novembre 1806, dans un petit pays de deux cent mille habitants célèbre par son prince.[1]

Le duché de Brunswick était, ce me semble, la plus connue de toutes les petites principautés de l'Allemagne.

ETAT PHYSIQUE

Qu'on se figure une grande plaine boueuse, avec des îles de sable et dont la pente est au nord. On aura une image de ce pays à soixante lieues à la ronde.

Il y a cependant des côteaux dans le pays

[1]. Charles-Guillaume-Ferdinand, duc de Brunswick, l'auteur du *Manifeste*.

de Brunswick : la montagne de l'Elm, où nous avons chassé le cerf; celle de l'Asse, où j'ai passé deux journées agréables. Mais, en général, de la boue froide : voilà ce que j'ai vu le plus souvent dans le pays depuis seize mois que j'y suis.

Il ne faut pas se figurer que les 52° par lesquels est situé Brunswick, se fassent sentir par un froid de 15° ou 20° de Réaumur et un beau soleil. Le temps que j'y ai vu est bien plus désagréable : c'est une variation continuelle. Le froid ne va guère plus de 7° au-dessous de zéro, mais il tombe de la neige et il fait soleil cinq à six fois, tour à tour, dans la même journée.

On voit venir de loin un nuage gris de fer; le soleil est caché. Il neige, le nuage passe, le soleil revient, les toits dégouttent, et deux heures après il n'en est plus question.

Il pleut beaucoup; les chemins sont impraticables sept mois de l'année, par la boue.

Il n'y a pas de printemps, et on est étonné

de voir pousser les feuilles à travers l'air froid de l'hiver.

Jamais cet air velouté, si doux aux poitrines délicates ; jamais de ces soirées où l'on vit pour le bonheur de respirer un air suave...

C'est la rareté de cette espèce de temps qui est un de mes principaux griefs contre ce pays.

L'Oker, rivière large de quatre toises et venant du Hartz, passe à Brunswick et à Wolfenbüttel.

Ce n'est rien, et cependant il est très utile.

Les routes sont tellement mauvaises et, par là, différentes de celles de France, que j'ai été peureux en voiture pendant plusieurs mois.

Le cri d'encouragement habituel et presque continu des postillons, est le même que celui qu'ils emploient en France dans les grands dangers.

Ils quittent à tout moment la chaussée ou

ce qui en tient lieu, pour prendre à travers champs.

Mais tout cela n'est rien.

C'est aux postes qu'un homme un peu vif a à souffrir : il faut toujours attendre deux heures.

Priez, battez, payez ou dormez, vous passerez deux heures à chaque station. Un vaguemestre graisse un peu votre voiture avec de l'eau noire, et vient vous faire payer d'avance le prix des chevaux.

A la fin de la course, on paye *la trinquette* aux postillons; on la triplerait, qu'on n'irait pas plus vite.

Un grand et gros paysan, à teint frais, affublé d'un sac jaune dans le pays de Brunswick et rouge dans celui de Hanovre, ayant un cordon passé en sautoir autour du corps et trottant lourdement, vous regarde tranquillement jurer, en fumant.

La tentation est grande de lui donner des coups de bâton. Cependant je ne me rappelle pas les avoir rossés; mais Réal, à Immendorff, en revenant de Paris, et le colonel Dogueron en allant à l'Elm, ont bien rossé les postillons. Cela a eu un excellent effet.

Les vexations de la poste font que tous les Français voyagent par chevaux de réquisition.

Vous arrivez; vous passez chez le commissaire des guerres, le commandant de la place ou le bourgmestre, et au bout de deux heures vous voyez arriver quatre beaux chevaux, montés par deux jeunes paysans au beau teint, aux cheveux blonds coupés carrément comme dans les portraits de Charlemagne, aux grands traits et à l'air bête. Ils portent devant eux, sur leurs cuisses, un sac plein d'avoine mêlée avec de la paille hachée; ils l'attachent derrière la voiture, attèlent et mènent mieux que la poste.

Quand on est très généreux, on leur donne 12 b. gros (12 — 0,16 c.) au bout de la station de quatre à six lieues, et ils sont contents.

La rencontre des grandes villes et des autorités qui y résident est un malheur lorsqu'on voyage ainsi ; on est servi plus difficilement, on dépend du commissaire des guerres. Mais les bourgmestres des campagnes sont beaucoup plus souples que les vaguemestres de poste.

On voyage commodément en prenant la poste la nuit, et les paysans le jour. A la fin de 1807, on aurait pu voyager très agréablement avec les moyens de transport presque gratis de Francfort-sur-Mein à Hambourg, à Breslau, etc. Du moins, je suis sûr de la route de Francfort à Berlin et Hambourg.

Les paysans laissent un intervalle de dix pieds environ entre les chevaux de devant et ceux de derrière ; mais les personnes comme il faut (M. de Laoring, par exemple) laissent quinze à vingt pieds. Les voitures les plus ordinaires sont des calèches à quatre roues ; le devant peut se découvrir en été, et, l'hiver, se ferme avec des rideaux de cuir.

Ces voitures sont à flèches; assez rarement à cou de cygne.

L'usage du café est étonnamment répandu en Allemagne. En arrivant dans une auberge, on vous offre du café au lait avec des *butterbrod :* deux tranches de pain noir très minces entre lesquelles on étend du beurre.

Ces braves Allemands mangent quatre ou cinq butter-brod, boivent deux grands verres de bière et ensuite un verre de *schnaps*. Ce régime rendrait flegmatique l'homme le plus emporté. A moi, il m'ôte toute idée.

Outre ce petit repas qu'on vous offre dans les auberges, si vous arrivez trop matin ou trop tard, vous trouvez, vers les une heure, le dîner, c'est-à-dire une soupe au vin ou à la bière, un bouilli, un immense plat de choucroute (c'est là encore un mets bêtifiant). Arrive ensuite un rôti et une salade de racines de choux, je crois; ça a une odeur détestable. Ce dîner, que l'on mange en enrageant, est accompagné de vin drogué, ayant le goût du sucre, qui se nomme Bourgogne, petit Bourgogne, etc., et qui se vend 35 à 40 sous.

Le vin est surtout détestable en Hesse, joli pays, mais pauvre; l'Électeur, avare comme Harpagon, possédait tous les biens.

Je suis encore un peu incommodé, en écrivant ceci, d'une partie de vin dont je me trouvais hier soir chez M. Stalher, riche marchand de vin, capitaine de la garde nationale. Il y avait sept à huit bourgeois connaisseurs et l'excellent M. de Roth...[1], qui est gourmand depuis soixante ans et accoutumé à la table des princes. Il fut frappé de l'enthousiasme avec lequel tous ces gens-là avalaient un infâme mélange de gelée de groseille et de vin de Moselle, qu'ils s'offraient sous le nom de vin de Champagne rosé.

Je m'y connais très peu, mais il me semble que tous les vins qu'on vend ici n'ont point ce goût exquis et caractéristique des vins de

1. M. de Rothschild.

Bourgogne, de la Côte du Rhône, de l'Hermitage, etc.

Le souper se compose, je crois, d'une soupe et d'un rôti ; pour dessert quelque pâtisserie, très peu de fruits, en général : des fraises, mais allemandes — ça veut dire grosses, belles et sans parfum.

Après cela, il faut se coucher, et c'est là le pire.

Qu'on se figure un matelas de plumes où l'on enfonce. A moitié de la longueur du lit s'élève un tas de coussins, de plumes aussi, qui vous obligent à vous tenir assis, quelque envie qu'on ait de s'étendre. Le tout est recouvert d'un drap qui n'est pas arrêté par les bords; pour couverture un énorme sac rempli de plumes et pas de drap. De manière que, comme tout le monde sue sous cette couverture, à laquelle la chaleur donne une épaisseur de deux pieds, on a l'agrément d'être en communication avec tous les voyageurs qui ont sué avant vous sous le même coussin.

Je crois cependant que dans les bonnes auberges on les lave deux fois par an...

Un Français n'a donc rien de mieux à faire que de faire apporter de la paille et de se coucher dans son manteau.

L'appareil dont je viens de parler donne une agitation que je pris pour un commencement de fièvre jaune, la première fois que je l'éprouvai. Si je reviens jamais dans cette partie de l'Allemagne pour mon plaisir, je quitterai le Rhin au mois de juillet.

L'aspect du pays est triste et plat dans le Brunswick, quelquefois *Ossianique*;

Il est beaucoup plus varié dans le nord.

Les environs de Berlin, mer de sable.

Il fallait avoir le diable au corps pour mettre là une ville.

Postdam, paysage charmant.

Les îles de la Havel, vues de Sans-Souci, sont, ce me semble, tout ce qu'il y a de plus noblement gracieux dans le Nord.

Comme les îles Borromées pour l'Italie.

Elles ont quelque chose de plus tendre, de

plus mélancolique; les jours, heureux, où l'on est sensible, cela touche vivement...

Aspect des villes et de leurs habitants

Vous voyez élever, en huit jours une cage en bois de chêne équarri; les huit jours suivants on remplit de briques, et on garnit de mortier les carrés et les trapèzes laissés par la charpente; enfin on surcharge le tout d'un toit rapide et assez élevé à cause de la neige. Voilà une maison bâtie en un mois et qui peut durer trois cents ans.

L'humidité a fait tomber le plâtre qui recouvrait le bois d'une maison qui est à vingt pas de la mienne.

J'ai lu sculpté sur ce bois : 1554.

Il y a une maison sur le Rolweg (chemin de bois) où on lit en caractères gothiques : *Anno Domini XIV.*

C'était autrefois l'usage de graver en relief sur quelque bois apparent, le nom du mari et de la femme qui la faisaient bâtir, et l'année.

On voit encore cela dans les villages, et

partout des dates, quelquefois sur le toit, avec des traits de différentes couleurs.

Mais ces maisons ont une drôle de figure.

Le premier étage, qui est à dix ou douze pieds de hauteur, avance de deux pieds sur le mur du rez-de-chaussée. C'est là, je crois, le trait caractéristique des maisons en Allemagne ; on le rencontre dès Francfort.

Ensuite, le grand nombre et la petitesse des fenêtres — chose que je ne comprends pas, sous un climat si froid. Ces fenêtres sont fermées avec de petits châssis, les vitres séparées avec du plomb, et les châssis fermant avec deux crochets. Voilà tout : ni double vitre, ni volets, ni jalousie. Une toile grise qui tombe en dedans.

Toute la famille est dans une seule pièce, qui se nomme *stouve*. On se garde bien d'ouvrir de tout l'hiver. Quand on y fume, on peut juger de l'odeur...

Quelquefois on lave le plancher et on y répand du sable jaune ou blanc ; c'est là l'extrême propreté et l'extrême politesse.

On chauffe le poêle à tout rompre ; le bois mouillé et le sable forment une odeur qui donne sur-le-champ mal à la tête aux Français.

Cependant, depuis seize mois, nous commençons à nous y faire et nous finissons, je crois, par être de l'avis du maréchal Berthier, qui dit qu'il *faut regarder un poêle comme sa femme et une cheminée comme sa maîtresse.*

Il faut qu'une maison soit bien pauvre si les petites fenêtres, dont j'ai parlé, n'étaient pas garnies intérieurement d'un rideau de mousseline avec des franges. Ça n'est pas beau, ça n'est pas riche, mais c'est propre, délicat, gracieux.

Celles des rez-de-chaussée ont des cadres de mousseline clair sur un treillis peint ; par ce moyen, on voit sans être vu.

Les Allemands (toujours de Francfort à Berlin et principalement ceux du duché de Brunswick) ont le goût des gravures. Vous trouverez sept à huit gravures, qui ne sont pas mal, chez un petit cordonnier, et souvent une tête de Niobé ou d'Apollon.

Mais on est étonné de voir, à côté d'une belle tête d'Antinoüs, parfaitement modelée, une gravure de 25 sous précieusement encadrée.

Ce n'est pas l'âme d'un Italien, ni le goût d'un Français; chez ce dernier tout serait élégamment médiocre. Il trouverait trop simple une tête d'Antinoüs.

Avec les gravures, on trouve assez généralement des petits barbouillages en miniature, ou au moins des silhouettes. Ce sont les portraits du père, de la mère et de toute la famille. Ces figures raides n'ont ni goût ni grâces.

C'est cette dernière chose qui manque le plus aux Allemands qu'on rencontre dans les rues.

Autant que je puis me rappeler la première impression qu'ils me firent, je les trouvais un peu plus grands, plus gros et plus gras que les Français.

Membrés plus grossement, un plus beau teint, des joues enluminées, presque tous blonds, quelques-uns roux, l'air lourd et souvent bête. Une fatuité insupportable sur ces figures.

Point de grâces et beaucoup d'affectation, pas l'ombre du naturel : voilà ce qui fait d'un fat Allemand un des êtres les plus ridicules qu'on puisse rencontrer.

Il a souvent des bottes très pointues, une grosse cravate, un petit gilet sale et un habit dont les basques ont deux doigts de longueur. Là-dessus un énorme chapeau avec des glands à torsades mêlées de graines d'épinards, et des mouvements à se jeter par terre en marchant. Ce sot a un teint charmant, d'assez beaux yeux bleus, quelquefois à cils noirs et de superbes cheveux blonds.

Mais nulle âme, nulle expression que celle du manque d'idées.

Les femmes de Brunswick, les servantes surtout, sont les plus belles que j'aie jamais rencontrées.

8.

Quelles cuisses! et tout attenant. De beaux bras, le plus beau teint, de beaux cheveux...

On retrouve souvent des traits grecs dans leur figure, beaucoup plus qu'en France.

Elles ont souvent des petits nez grêles, le bas des joues et le front étriqués.

Il est exclusivement rare de trouver le dessin hardi, les traits largement dessinés des têtes de Niobé. Mais souvent le tour du visage très joli, quelquefois beau, presque toujours gracieux.

Les yeux bien; les dents et les pieds mal, la gorge belle en général, un peu trop petite.

Dans la bonne compagnie (la noblesse; — nous ne voyons qu'elle ici, par une erreur que je regrette et que je n'ai pas partagée), on trouve beaucoup de bâtons vêtus.

Vous avez vu des portraits bien enluminés d'Alexandre 1er, empereur de Russie; ce genre de beauté féminisé se rencontre souvent.

Hier, une servante que je trouvais lavant

les casseroles dans la cuisine de l'*Hôtel d'Angleterre*, me frappa par la perfection de sa figure grecque et un peu dans le genre de l'empereur Alexandre.

Autant les femmes sont bien, autant les hommes sont irrémédiablement laids : des traits rassemblés barbarement et ignobles en général.

A vingt pas de distance un jeune officier allemand peut-être beau, (encore à l'Alexandre); mais après un coup-d'œil il ne peut que perdre : ou il a de la fatuité dans la figure et est détestable, ou il a l'air d'un gros soldat stupide.

Les jeunes Français sont beaucoup mieux que les allemands, et le jeune fournisseur que je trouvais sur la Saône[1], il y a deux ans, ne se retrouve certainement pas dans toute l'Allemagne.

Les soldats allemands, sous les armes, sont à mourir de rire ; c'est la lourdeur et la gaucherie même.

1. Voyage dans le midi de la France.

Ils ne se doutent pas de cette marche aisée, légère, élégante, de l'infanterie de la Garde Impériale. Je trouvais en arrivant, et je trouve encore, aux bourgeois de ce pays, quelque chose qui rappelle le militaire. Je voyais avant-hier les recrues qu'on exerçait : sept avaient des vestes bleu de roi.

Cette proportion est générale.

Ajoutez à cela des bottes à tout le monde, beaucoup de cravates noires, d'immenses chapeaux à trois cornes et en général une mise sévère.

Jamais rien de léger, rien de tendant au colifichet et au ridicule, dès que la mode en est passée, comme beaucoup de nos vêtements de France.

Ensuite une démarche lourde, raide, lente pas tranquille comme celle des Turcs ; mais saccadée, l'air recrue.

Je ne suis pas juge très compétent[1] mais

---

1. « M. Daru l'aîné, passant par Genève, y avait laissé un cheval malade : ce fût sur cette monture convalescente que Beyle alla le rejoindre en Italie

je les crois plus hardis cavaliers que nous. Les gens riches ont des chevaux anglais ou de beaux mecklembourgeois, ressemblant assez à des normands-anglisés.

Leur danse est nette, dure et rapide; en y mêlant un peu de grâce, je crois qu'elle pourrait être très agréable. La valse ici est deux fois plus rapide qu'à Paris.

Il y a des airs d'une très belle harmonie, très bien appropriée à la chose, mais les orchestres sont détestables et rendent ignoblement ces beaux airs.

Les *ker-haus* (je crois : balai de la maison) qui termine tous les bals, est une suite de figures déterminées, séparées par la marche

---

(1800) Ce cheval, qui n'était pas sorti de l'écurie depuis un mois, au bout de vingt pas, s'emporte, quitte la route et se jette vers le lac dans un champ planté de saules. Je mourais de crainte, raconte Beyle mais le sacrifice était fait; je regardais les épaules de mon cheval et les trois pieds qui me séparaient de terre me semblaient un précipice sans fond.

Notice sur la vie et les œuvres de M. Beyle, par R. Colomb.

des Polonais. Cette marche est le contraire de la rapidité et du saccadé de la danse allemande; aussi personne n'a à se reprocher de marcher en mesure.

Les hommes ont les cheveux coupés comme en France. Les femmes ne portent pas plus de poudre que les nôtres.

La mise des femmes au bal est plus simple, plus modeste, plus froide que celle de nos villes de province.

Les jeunes gens de même. Les uns et les autres sont bien. Mais les hommes d'un certain âge sont ridicules. Tout ce qui tient à la science, surtout les professeurs, les bourgmestres, conseillers de chambre, sont fagotés à faire plaisir.

Qu'on se figure des habits noirs très longs et horriblement étroits sur la poitrine, et par dessus tout une malheureuse épée d'une longueur infinie.

Des épaules crochues, des mélanges singuliers, avant-hier, chez le préfet, à dîner.

M. P... était en noir, avec des bas noirs et

une épée soutenue par un ceinturon de sabre de peau noire, avec deux gros mascarons bleus dorés accompagnant le crochet et se détachant sur une culotte noire.

Peut-être oubliais-je quelque chose, mais je n'osais pas le regarder de peur d'éclater; encore, en lui demandant des nouvelles de sa femme, faillis-je me trahir.

Les servantes ont souvent des redingotes d'étoffe grossière, mais faites de bon goût, à la grecque comme les nôtres.

Elles sont coiffées, surtout les jours de fête, avec des bonnets de velours violet ou autre étoffe. Ces bonnets embrassent le tiers du crâne, sont bordés en paillettes d'or ou d'argent, et sont garnis de *papillons* ou d'ailes de linon très empesés et surchargés d'un énorme nœud de ruban rose, vert, bleu, etc...

Les paysans sont vêtus d'un habit de toile doublé de drap, sans collet, et descendant carrément, comme nos anciens habits français, et garnis de boutons de métal, larges comme les écus de trois livres.

Ils portent un petit chapeau triangle équilatéral, et enfin presque tous ont des culottes de peau et des bottes. Les dimanches ces dernières sont remplacées par des bas bleus, des souliers avec de grosses boucles d'argent ou plaquées.

Les paysannes ont des jupons à quarante ou cinquante plis énormes et très laids ; le petit bonnet, mais sans ailes ; des bas rouges et des souliers à talons.

Aujourd'hui 18 avril, deuxième fête de Pâques, neige tombante comme au mois de décembre.

Je viens de voir passer sous mes fenêtres une procession de cent petits orphelins et autant de petites filles orphelines, nourris et élevés dans un bel établissement. Les garçons ont la livrée du prince : bleu de ciel et jonquille et culotte de peau. L'usage de la peau pour cette partie du vêtement est beaucoup plus fréquent qu'en France ; aussi celui des bottes et des bonnets de cuir, de velours, etc.

Tous les hommes fument; on fume au club[1], on fume dans les billards, on fume dans les bastringues, on fume tant, que les habits des hommes sentent la fumée à pleine bouche.

Je crois cet usage sain dans un pays humide; la fumée donne le *ton* (terme médical) aux poumons et aux organes de la respiration, et en général c'est du *ton* qui manque aux organes allemands. Ils sont sains; d'une belle taille, mais le ton y manque.

Il me semble que leur butter-brod et leurs laitages éternels ne sont pas propres à leur donner plus de vivacité.

Mirabeau dit que depuis cinquante ans le café succède à la bière; je ne sais pas si l'on prenait plus de bière vers 1750, mais je sais que l'on prend immensément de café au lait et de thé.

Je ne doute point que la physionomie morale du pays ne changeât, si chaque homme

---

1. Beyle écrit *cloub*.

buvait une bouteille de vin du Languedoc par jour.

En général, l'homme est plus regardé comme un animal domestique dans ce pays qu'en France et en Italie. Cela vient peut-être de l'esclavage existant encore à trente lieues d'ici et ôtant beaucoup de leur prix aux femmes honnêtes.

A Pétersbourg, il y a quinze ans, une veuve nommée ..., faisait venir des petites filles de son village ; elle les choisissait de onze ou douze ans, leur faisait apprendre à lire, écrire, chanter, danser, et les vendait ensuite 500 roubles, les plus jolies, à des jeunes gens qui en faisaient leurs maîtresses. Les autres étaient achetées pour être gouvernantes d'enfants. On pourrait très facilement faire cela ici, et, en diminutif, prendre une fort jolie servante qui coûterait .... livres de gages et serait entièrement à la disposition de son maître.

Quant au sérail, si j'avais le malheur d'être fixé dans une ville d'Allemagne, j'en établirais un petit. J'aurais plus de plaisir (je parle même de cœur et d'esprit) avec une fille d'esprit naturel, élevée par moi et avec des maîtres, qu'avec une femme honnête quelconque de Brunswick. Elle ne saurait point de bassesses, elle ne me ferait pas des éloges amers sur la robe de ma voisine, et ne calomnierait pas une amie avec l'air de l'amitié qui plaint.

ÉTAT POLITIQUE ET MŒURS

La dernière de ces choses est la seule dont l'étude me plaise dans les voyages. Tout ce que je vois ne m'intéresse que relativement aux mœurs. C'est aussi la chose dont il est le plus difficile à un jeune homme sans expérience de bien parler.

Jusqu'ici j'ai plus senti que jugé ce qui s'est passé sous mes yeux; cependant, comme je me repens de n'avoir pas écrit mes voyages en Italie et à Marseille, je m'occupe de celui-ci. J'y verrai peut-être dans quelques années l'influence de quelques idées dominantes fausses ou de quelque passion dont je ne me doute pas.

Je vais pourtant chercher à ne pas exagérer mes sensations en les peignant.

Je crains d'avoir parlé en termes trop forts de la beauté des femmes de Brunswick; je ne devrais pas cependant avoir exagéré, car elles n'ont pas (ou je n'en ai pas vu qui eussent) l'*âme* qu'il me faudrait.

C'est peut-être ce qui fait que je crains d'en avoir dit trop de bien.

Il est certain que plusieurs fois j'ai senti leur beauté comme je l'ai dépeinte, et que plusieurs fois aussi, si je n'avais été convaincu de ce que nous appelons leur *manque d'âme*, j'en serais devenu amoureux. Excepté les choses qui touchent à mon état, je ne m'occupe que de ce qui me fait plaisir. On ne doit donc s'attendre à rien de bien approfondi de ma part sur le gouvernement de Brunswick.

Personne, cependant, n'eût été mieux placé que moi pour en bien connaître la marche et les ressorts, si je l'eusse désiré.

Mais en ce genre, l'histoire des erreurs m'attriste en me faisant mépriser l'homme. Il me semble que la description d'une monarchie pure doit commencer par celle du caractère du prince.

Je ne l'ai point vu, ni aucun membre de sa famille. Presque toutes les personnes à qui j'en ai parlé m'ont dit la même chose sur lui, comme on récite une leçon apprise à l'école.

A travers ces louanges qui ne prouvent que la prudence, l'ambition, la bassesse ou l'attachement machinal du sujet, quelques faits sont parvenus jusqu'à moi. Enfin, deux ou trois personnes m'ont parlé franchement sur le duc de Brunswick.

ITALIE

LE VOYAGEUR

LES RIVAGES DE LA MER

ITALIE

Les pages intitulées *le Voyageur*, datées d'Italie et écrites par Beyle durant l'une des époques les plus tourmentées de son existence, marquent, pour ceux-là qui ont vécu dans l'intimité de sa pensée, un état particulier et même unique dans l'histoire de sa sensibilité.

Elles sont extraites d'un cahier sur lequel l'auteur d'*Armance* consignait au jour le jour, suivant l'aventure des voyages, ses impressions, ses rêves et aussi les effets de cette étrange et persistante mélancolie qui durant l'année de 1817, le fit pérégriner à Milan, à Paris, à Londres, à Rome, partout où il croyait trouver un remède au mal qui le torturait.

Il avait publié *La Vie de Haydn; l'Histoire de la peinture en Italie; Rome, Naples, Florence*. Sa renommée commençait à dépasser le cercle des intimes; les soucis matériels ne l'obsédaient plus comme aux temps de son premier séjour à Paris.

Les inquiétudes de cette époque resteraient donc inexplicables, s'il ne s'était chargé d'en définir lui-même les causes dans maintes pages de ce cahier.

Préoccupé d'analyse, mais encore dépourvu de méthode et de moyens d'investigation suffisants, il s'applique à dresser, pour son usage propre, une sorte de discipline morale dont il veut concilier la lettre avec les circonstances extérieures de la vie.

De là, un conflit qui déroute sa science de psychologue et le jette littéralement dans le désespoir.

Trop spéculative, cette discipline ne pouvait ni ne devait convenir à un tempérament comme le sien, sceptique à l'excès, ignorant la mesure, trop asservi aux caprices de l'imagination.

C'est l'histoire de ce conflit entre la réalité et le rêve que racontent *le Voyageur* et les *Rivages de la mer*.

J. DE M.

LE VOYAGEUR

Milan, 24 octobre, 1817.

Le grand mal de la vie, pour moi, c'est l'ennui.

Ma tête est une lanterne magique : je m'amuse avec les images folles ou tendres que mon imagination me présente.

L'*Inconstant*[1] raconte que ce qui le charme dans les voyages, c'est qu'on ne revoit jamais ce qu'on a déjà vu.

Je suis inconstant d'une manière un peu moins rapide. Ce n'est qu'à la seconde ou troisième fois qu'un pays, qu'une musique, qu'un tableau me plaisent extrêmement. Ensuite la musique, au bout de cent représentations; le tableau, après trente visites; la contrée, au cinquième ou sixième voyage,

---

1. L'*Inconstant*, comédie de Colin d'Harleville. Théâtre-Français 1786.

commencent à ne plus rien fournir à mon imagination, et je m'ennuie.

Un être humain ne me paraît jamais que le résultat de ce que les lois ont mis dans sa tête, et le climat dans son cœur.

Quand je suis arrêté par des voleurs ou qu'on me tire dessus, je me sens une grande colère contre le gouvernement ou le curé de l'endroit; quant au voleur, il me plaît quand il est énergique, car il m'amuse.

Comme j'ai passé quinze ans à Paris, ce qui m'est le plus indifférent au monde, c'est une jolie femme française. Et souvent mon aversion pour l'*affecté* et le *vulgaire* m'entraînent au-delà de l'indifférence.

Si je rencontre une jeune femme française, et que, par malheur, elle soit bien élevée, je me rappelle sur le champ la maison paternelle et l'éducation de mes sœurs. Je prévois tous ses mouvements et jusqu'aux plus fugitives nuances de ses pensées.

C'est ce qui fait que j'aime beaucoup la mauvaise compagnie, où il y a plus d'*imprévu*.

Autant que je me connais, voilà la fibre sur laquelle les hommes et les choses d'Italie sont venus frapper.

Qu'on juge de mes transports, quand j'ai trouvé en Italie, sans qu'aucun voyageur m'eût gâté le plaisir en m'avertissant, que c'était précisément dans la bonne compagnie qu'il y avait le plus d'imprévu.

Ces gens singuliers ne sont arrêtés que par le manque de fortune et par l'impossible. S'il y a encore des préjugés, c'est dans la basse classe.

Les femmes, en Italie, avec l'âme de feu que le ciel leur a donnée, reçoivent une éducation qui consiste dans la musique et une quantité de momeries religieuses [1].

[1]. Rien de plus opposé que le Christianisme de France et la superstition de Naples. Autant nos prêtres sont éclairés, vertueux, sincères, autant la conduite des autres est peu exemplaire.
N. de B.

Le point capital, c'est que n'importe quel péché que l'on fasse, en s'en confessant, il ne reste point de trace.

Les femmes ne vivent pas ensemble : la loge de chacune d'elles devient une petite Cour. Quelque folie qu'elles disent, dix voix partent à la fois pour leur donner raison. Il n'y a de différence que par le plus ou moins d'esprit des courtisans.

Un seul point sur lequel elles essuient des contrariétés : elles peuvent dire qu'il est nuit en plein midi, mais si elles s'avisaient de dire que la musique de Paër vaut mieux que celle de Rossini, dix voix s'élèveraient pour se moquer d'elles. Du reste, toutes les parties de campagne, tous les caprices les plus fous qui leur passent par la tête, sont autant d'oracles pour leur cour.

Dernièrement, une jolie et très jeune femme de Brescia a provoqué son amant en duel. Elle lui a écrit d'une écriture contrefaite, et comme c'était un officier, il s'est rendu sur le terrain : il a trouvé un petit garçon avec deux moustaches postiches et deux pistolets, qui voulait absolument se battre.

Ce trait, que je cite au hasard entre mille aussi fous, et qu'on ne peut citer, n'a fait aucun tort à la belle Marietta. Elle n'en a trouvé que plus d'amants empressés à lui faire oublier l'infidèle.

Chaque femme, en Italie, a des manières à elle, des idées à elle, des discours à elle.

D'une loge à l'autre, vous trouvez un autre monde, et non seulement d'autres idées, mais une autre langue. Ce qui est une vérité reconnue dans l'une est une rêverie dans l'autre. C'est comme d'être ambassadeur à la cour d'un prince jeune et militaire, en même temps qu'à celle d'un vieux souverain prudent. (En 1810, les cours de Bade et de Dresde).

Les femmes italiennes ont du caractère contre tout les accidents de la vie, excepté contre la plaisanterie, qui leur semble une atrocité. Jamais, dans le monde, un homme pour plaire à son amie ne persifle une autre femme, puisque jamais deux femmes ne sont ensemble qu'en cérémonie. Cette horreur de la plaisanterie se trouve au même degré chez les hommes. Au moindre mot qui peut être une raillerie, vous les voyez changer de couleur. C'est là les causes qui rendent impossible ici l'esprit français : l'Apennin se changera en plaine avant qu'il puisse s'introduire en Italie.

La louange fine et délicate ne peut avoir de grâces qu'autant que la critique est permise. Comment le goût de la société pourrait-il naître ici, puisque ce qui fait le charme de la société n'existe pas ? Comment des indifférents, réunis dans un beau salon, peuvent-ils se donner du plaisir, si la plaisanterie est interdite ?

Les habitudes et les préjugés actuels des Italiens les forcent donc à passer leur vie en tête-à-tête. Ajoutez encore que la politesse, qui porte à préférer les autres à soi-même, passe pour de la *faiblesse* dans un salon.

Jugez de ce que c'est au café, au spectacle, dans les lieux publics. Un étranger est obligé de refaire son éducation. Chez les hommes, comme chez les femmes, les caractères se déploient en toute liberté.

Un de mes amis est allé rendre visite, il y a huit jours, à une très nouvelle connaissance et à une heure très indue.

Le mari était à deux lieues de là, dans sa terre, à tirer le pistolet avec des amis. La pluie survient et, ennuyés de leur soirée, ils reviennent à Brescia. Le mari, très jaloux de son naturel, va droit à la chambre de sa femme, ses pistolets à la main. Étonné de trouver la porte fermée, il frappe.

La femme se met à rire et à chanter à son amant :

Ah! voilà mon mari; ah! voilà mon mari!

Puis elle court lui ouvrir, l'embrasse et lui dit :

— Tu sais, Colona est là!...

— Et où est-il?

— Dans le petit cabinet, à côté de mon lit.

À ce moment, l'amant ne voulant pas se laisser bloquer dans le cabinet, sort assez mal en ordre.

Qu'on se figure... la mine de ces deux hommes. Le mari violent et les pistolets chargés à la main, l'amant déconfit. Mais tout se passa en plaisanteries. Même, le lendemain, le mari envoyait à Colona une bourriche de gibier.

Voulait-il se moquer de lui? C'est ce que nous n'avons encore pu deviner...

Mais voilà ce que j'appelle une idiote charmante; qu'on juge des femmes d'esprit.

Tout homme qui conte clairement et avec feu des choses nouvelles, est sûr de plaire aux femmes d'Italie. Peu importe qu'il fasse rire ou pleurer; pourvu qu'il agisse fortement sur les cœurs, il est aimable.

Vous pouvez leur raconter la fable de la comédie du Tartuffe, et la manière barbare avec laquelle Néron vient d'empoisonner Britannicus, vous les intéressez autant qu'en leur racontant la mort du roi Murat.

Il s'agit d'être clair et extrêmement énergique. Ici les moyens de plaire aux femmes par la conversation (l'esprit) sont donc très différents. Il n'y a de ressemblance qu'en deux choses, et l'essence de ces choses, quand elles sont libres, est d'être éternellement différente : c'est l'imagination et l'amour.

L'essentiel de l'esprit en Italie, à l'égard des femmes, c'est beaucoup d'imprévu et beaucoup de clair-obscur et, dans les personnes beaucoup d'air militaire. Le moins possible de ce qu'on appelle en France l'air *robin*, ce ton de nos jeunes magistrats, important, content de soi, réglé, pédant. C'est leur bête d'aversion.

Elles adorent les moustaches, surtout celles qui ont passé les revues de Napoléon.

RIVAGES DE LA MER

RIVAGES DE LA MER

Recco, 8 décembre, 1817.

Il y avait une fête de la vierge à Recco.[1] J'y suis allé avec les petites filles de l'ancien doge S.., qui ont été élevées en Flandre, dans un couvent dont ma tante était abbesse.

Nous étions dix, montés sur des ânes ; nous nous faisions spectacle à nous-mêmes par cette petite route toujours en corniche sur la mer et qui monte ou descend sans cesse pour passer les promontoires dont les vagues ont miné le bout.

Gaieté folle, *à l'italienne*, sans nulle affectation.

Je profite de cette liberté pour quitter la troupe en arrivant à Recco, et je suis à pied le rivage de la mer.

1. A seize kilomètres de Gênes.

J'ai regretté de n'être pas né en Italie…

Quoi de plus insensé que de laisser empoisonner son âme par des événements qui ont eu lieu parce qu'ils devaient arriver…!

Ne vaudrait-il pas mieux, mille fois, ignorer ces événements, comme ces jeunes italiennes?

Qu'y at-il de réel pour chaque être, si ce n'est sa propre existence?

Et ce court passage de vingt à trente ans, qui est tout pour moi, je le sacrifierais dans les larmes et dans les soupirs, parce que certains événements ont eut lieu qui étaient amenés par l'éternelle chaine de la destinée?

Quoi de plus faible, quoi de plus ridicule?

Je n'ai pas regret de mes honneurs passés, j'ai regret du malheur du genre humain.

Une fausse philosophie fait que l'on se moque de l'ignorance italienne, et un peu plus d'expérience de la vie fait envier cette heureuse ignorance.

L'histoire n'est pour eux que les dates des événements et de la mort des papes et des rois; ils n'ont pas eu le malheur de devenir amoureux de l'humanité.

Ils croient fermement que tout sera dans cent ans comme il y a cent ans, et cette heureuse erreur tue dans leurs âmes toute anxiété.

L'histoire est pour les italiens comme la mythologie, une chose qu'il faut savoir pour ne pas *faire une mauvaise figure dans le monde.*

Toutes leurs pensées sont tournées vers le moment présent et vers le bonheur d'aimer

Ces pensées m'ont conduit à plus d'une lieue de Recco, au pied de montagnes solitaires.

Le soleil venait de se coucher.

Je me suis assis tout-à-fait au bord de la mer. L'écume des vagues venait mourir à mes pieds.

Un pas de plus, et je n'étais plus. J'étais sur le bord de l'éternité.

L'occident est devenu plus sombre, la lune s'est levée, l'âpreté de mes chagrins s'est calmée, et j'ai trouvé deux heures d'un bonheur plus sombre, sans doute, mais peut-être plus occupant, plus absorbant l'âme toute entière, que celui de nos jeunes italiens.

Ils ne savaient pas ce que c'est que de passer la vie sans aimer; mener une existence errante, changer de ville tous les quinze jours, sacrifier toutes les émotions de la jeunesse à ce qui est ou à ce que l'on croit être une noble cause : tout cela est pour eux de la mythologie.

Et puis, me disais-je, je me suis trompé dans le chemin de la vie... Ce sera bientôt fait. Encore huit ou dix ans, et ce bonheur que je regrette de ne pas suivre, sera à jamais impossible pour moi.

Qui songe à aimer à quarante ans! [1]

Les plus beaux souvenirs de l'espèce humaine et ses regrets les plus profonds se lient aux rivages que j'ai sous les yeux.

1. Beyle avait trente-cinq ans en 1818, date à laquelle furent écrites ces pages.

Tout ce que le genre humain possède de liberté, de bonheur, de pouvoir sur le reste de la nature, de science, nous ramène, si nous en cherchons l'origine, à ces rivages enchanteurs de la Méditerranée.

Mais le génie du christianisme et son allié intime, le génie du despotisme, sont venus placer les exemples du dernier malheur sur ces mêmes rivages de la Grèce et de l'Espagne qui, sous l'empire de Jupiter Olympien et de l'Apollon de Delphes, étaient aussi heureux par leurs habitudes morales et par leur climat.

J'entends le bruit des coups de fusils et des *mottaretti*[1], tirés en l'honneur de la Vierge par les habitants avares et voleurs. Ils interrompent à peine la solitude de ces montagnes si peuplées et d'une population si heureuse du temps d'Auguste et de Tibère.

Non, les bords d'aucune mer ne peuvent donner ce charme des souvenirs héroïques.

1. Petits mortiers.

Combien la mort du maréchal Ney n'ajoutera-t-elle pas d'intérêt dans l'histoire aux récits de ses héroïques exploits!

Les malheurs de Napoléon et de la France étaient le seul charme qui manquât à ces compagnons sublimes qui ont employé notre jeunesse.

Comme artiste, je suis presque tenté de me réjouir de la bataille de Waterloo :

— « Voilà donc comme est tombé, diront les races futures, cet homme qui voulait nous guérir de dix-huit siècles de christianisme et de féodalité! »

Barcelone qui est là, vis-à-vis de moi; Carthagène, Cattaro, Rome, Palerme, Naples, Corfou et bientôt Chypre et Alexandrie, allaient avoir les deux Chambres.

Partout, pour préparer ce grand jour, le crime disparaissait; le vol et l'assassinat étaient punis sur les mêmes rivages où, aujourd'hui, l'on traite avec le chef des brigands.

En 1900, l'Europe n'aura qu'un moyen de résister à l'énorme population et à la raison profonde de l'Amérique : ce sera de donner à l'Asie-Mineure, à la Grèce, à la Dalmatie, la même civilisation ; c'est-à-dire le même degré de liberté dont on jouit dans la Pensylvanie.

Il est dix heures. Le spectacle devient plus sublime à chaque instant. La lune plus claire brille au milieu d'un ciel étincelant.

Je n'ai d'autre arme que mon poignard.

Sans doute, les paysans revenant de la fête de la Madone, trouvant un signor en si belle position, n'hésiteraient pas à me jeter à la mer...

Je m'en vais.

9 septembre.

Je rentrais à Recco hier soir, à onze heures.

A un mille de distance, je rencontrais les dames, j'entendais le bruit du fifre et de la clarinette.

Le village était richement illuminé.

L'on me gronde sérieusement de mon imprudence ; une dame qui m'avait fait des agaceries toute la route, me força à danser. Cela a duré jusqu'à deux heures du matin. Ensuite souper.

Aujourd'hui, j'ai presque honte de ce que j'écrivais hier soir au crayon, sur mon agenda, et encore plus des sentiments qui m'agitaient et que je ne savais comment exprimer. En revenant de ces extases de mélancolie, je suis gauche et timide.

Cette jeune belle *sposa* de vingt ans, que je ne connaissais pas et que je ne pourrai revoir à Gênes, m'a fait des agaceries incroyables auxquelles je suis resté les yeux ouverts et étonné comme un benêt qui vient de l'autre monde.

Demain, peut-être, elle ne songera plus à moi et même se moquera si je m'avise de croire que demain est la suite d'hier.

L'amour-sensation est comme la gloire à l'armée : il n'y a qu'un moment pour le saisir.

DE L'ANGLETERRE
ET DE
L'ESPRIT ANGLAIS

DE L'ANGLETERRE

ET DE L'ESPRIT ANGLAIS

En 1817, au printemps, Beyle alla passer quelques jours à Londres.

Il avait lu, auparavant, un millier de pages : *Memoirs of a celebrated literary caracter*, de Gover, et avait consulté *l'Angleterre vue à Londres*, du général René-Martin Pillet, chevalier de la Légion d'Honneur. — J. DE M.

Naples.

Il est bien singulier et il serait bien agréable aux yeux d'un français qui serait plus patriote que libéral, de voir que l'époque de la perte totale de la liberté en Angleterre, n'est autre que

le jour de la bataille de Waterloo.

C'est alors que les nobles et les riches de toute espèce ont définitivement signé un traité d'alliance offensive et défensive contre

les pauvres et les travailleurs

Je suis loin de trop blâmer les aristocrates ; leur sûreté est en péril.

Un impôt, pour être productif, doit être payé par le plus grand nombre ; en Angleterre le produit des impôts est employé *contre* le plus grand nombre.

Comme je ne suis pas ici pour faire l'éducation des niais, je ne chercherai pas à prouver cette singulière assertion.

Les aristocrates de la Chambre des pairs nomment la majorité de la Chambre des communes. La liberté ne peut donc plus exister *de droit*, mais seulement par les habitudes.

Il n'y a d'exemple que pour la liberté de la presse qui d'ailleurs est moindre qu'on ne le croit en France. Heureusement pour l'Angleterre, on peut facilement introduire des pamphlets imprimés en Amérique.

Les discussions sur les réformes parlementaires ne sont que ceci :

I. L'Angleterre sera-t-elle en 1880 un

royaume absolument comme le P...[1] où le roi, les nobles et les prêtres, étroitement unis entre eux, vivent aux dépens des travailleurs?

II. L'Angleterre sera-t-elle une république dirigée par un simple président, comme celle des États-Unis?

Car il est évident que si les Anglais payant mille francs d'imposition, obtiennent le droit d'envoyer...[2] au Parlement, ils se vengeront de l'état d'extrême malheur où *Pitt* les plongea en 1794.

Dans tous les cas, l'Angleterre en est au moment d'une révolution, à peu près comme notre belle France en 1780. Si Georges IV fait des concessions et les fait de *bonne foi*, il n'aura pas le sort de Louis XVI. Mais aussi les Anglais seront moins solidement libres que s'ils arrachent la liberté par une fièvre ardente de quinze ou vingt ans.

Malheureusement pour leur orgueil, l'Amé-

1. Le Portugal.
2. Des représentants.

rique aiguisera des armes et vengera l'Europe des larmes de sang que Pitt et C...[1] lui ont fait verser. Le nom seul de l'Amérique fait pâlir ces lords si riches et si insolents et si inhumains. Les *pontons* sont le sort des ouvriers de Manchester.

Au fond de ce mot, il y a plus de froide cruauté que dans tout Robespierre.

C'est à cause de cette imminente révolution et de la farouche cruauté des basses classes, nourries de la lecture de la Bible et des massacres hébreux, que beaucoup d'Anglais achètent des terres en France.

On parlera ainsi de l'Angleterre en 1880 :
Elle fut libre, sans savoir comment, en 1688.
Elle eut les habitudes et non les lois de la liberté, vers 1720[2].

1. Cobourg.
2. Montesquieu parle de l'Angleterre comme un amant de sa maîtresse, avec une extrême déraison. N. de B.

Elle avait déjà perdu ses vertus vers 1780 et le prouva par son infâme guerre d'Amérique [1]. Elle n'eut même plus de pudeur vers 1790 et le prouva par sa conduite dans l'Inde. Enfin, après avoir entr'ouvert à la liberté les yeux de l'Europe, elle la perdit pour elle-même vers 1794, sous un roi sans vertus et par un scélérat habile et orgueilleux (M. Pitt).

En 1814, après Waterloo, il devint impossible à un pair, et même à un homme riche quelconque, d'être libéral [2].

Elle eut encore quelques habitudes de liberté jusqu'en 1830, mais depuis longtemps le bonheur avait entièrement disparu du sein d'un peuple sombre, religieux, féroce et travaillé par des lois monétairement atroces.

Alors éclata une révolution sans exemple par le nombre des massacres.

1. Œuvres et Vie de Franklin. N. de B.
2. Changements dans les prix de ferme. N. de B.

L'Amérique, avec une population double de celle de l'Angleterre, et une position bien autrement inattaquable que la Russie, réduisit facilement sa superbe rivale au rang de puissance de troisième ordre.

Elle est maintenant heureuse sous un roi constitutionnel par force, qui meurt d'envie d'être absolu, mais qui n'y parviendra jamais.

La gangrène des dépenses excessives et aristocratiques a tout pénétré en Angleterre, même l'établissement de leurs courtiers pour l'achat de thé à Canton.

Il est curieux de comparer l'établissement américain. Ce seul détail peint les deux gouvernements et la nature des impôts qu'ils doivent exiger des peuples[1].

---

1. Il y a cinquante ans que *Gover*, à mes yeux le meilleur historien de l'Angleterre, prédisait tout cela. Depuis Gover, les fils des pairs destinés à avoir des fortunes de 200 mille francs de rente, ont imaginé de passer leur jeunesse dans les bureaux des ministres et de se vendre à eux comme commis pour 200 ou 300 louis, avant de se vendre comme sénateurs.

Les Anglais, en général, ne peuvent pas avoir d'*esprit*.

Ne parlons pas de leur Constitution, dont la forme s'y oppose ; tenons-nous aux habitudes que chacun peut vérifier.

Le peuple anglais est un peuple *affairé*. Il manque souverainement de loisirs pour tout ce qui n'est pas *argent*. Remarquez qu'il n'aime pas l'argent par cupidité, mais, exactement parlant, *pour ne pas mourir de faim dans la rue.*

Cette affreuse nécessité et la noire anxiété dont elle remplit l'âme, ne lui laisse pas, à

Ajoutez à cela les mœurs décrites par le général Pillet*, qui n'exagère pas toujours et qui n'a eu que l tort de ne pas connaitre dix mille familles pleines d vertus et dignes de toutes sortes de respects. Les jeunes gens qui désirent savoir à quoi s'en tenir sur cette Angleterre qui pendant si longtemps va être le sujet de nos conversations, n'ont qu'à lire mille pages in-8 : *Memoirs of a celebrated literary caracter.* Gover, Murray. London. 1813; *The Diary of lord Melcombre*, et enfin une *Histoire des Pontons* qui paraîtra en 1820.   N. de B.

(*) Pillet (René-Martin) 1762-1816. *L'Angleterre vue à Londres et dans les provinces pendant dix années.* Paris, 1815.

ce peuple anglais si mal connu, le temps de comprendre la conduite de ses plus brillants défenseurs. Combien de fois le sublime *Fox*, n'est-il pas sorti de la Chambre des communes au milieu des huées de ce peuple qu'il venait de défendre, non-seulement aux dépens de sa fortune pécuniaire, mais même de sa réputation? Il a passé sa généreuse vie à protester contre deux guerres qui ont triplé le prix de la subsistance du peuple anglais.

La première de ces guerres a donné l'existence à la République qui détruira l'Angleterre; la seconde a semé en Europe, en même temps que la liberté, une haine aveugle et enragée contre le pays qui a fait tomber Napoléon; ce Napoléon qui, sans le savoir, semait la liberté en Europe.

S'ils n'ont pas d'esprit pour comprendre leurs propres défenseurs, où en trouveraient-ils pour comprendre les Lettres et les Arts?

On peut répondre : dans la meilleure éducation classique qu'ait reçu jamais aucun peuple. Nulle part, en effet, l'on ne connait aussi bien les auteurs grecs et latins[1].

Mais cette éducation ne donne pas de dispositions à l'esprit : bien au contraire. Elle n'est à la portée que de la *classe riche*.

Pour le reste de la nation — et ouvrez les biographies de la France — c'est de la classe pauvre et énergique que sortent les génies; tous les autres n'ont de loisirs que le dimanche, et pour finir par le trait le plus triste, les cinq sixièmes de ces loisirs sont occupés par l'infâme et féroce lecture de la Bible.

Assurément, rien n'est plus contraire à l'*esprit* ou à l'invention des idées agréables à nos hommes du XIXe siècle, que la contemplation des images gigantesques de ces vieux poëmes orientaux.

Ces images rendent le pauvre féroce dès cette vie et le remplissent de sombres alarmes et de tristesse, en le tourmentant sur la seule consolation qui lui reste : l'espérance du bonheur dans l'autre vie...

---

1. Beyle reproduit ici une affirmation — assurément téméraire — de Gover.

LES PENSÉES

LES PENSÉES

> . . . Je me suis présenté
> moy mesme à moy pour
> argument et pour subject.
>
> *Essais.*

Lorsque, pour un concours à l'Institut, pour un discours, une préface, j'aurai besoin de pensées, les chercher dans mes cahiers de pensées.

Ce sont mes magasins

Stendhal définit ainsi lui-même, d'exacte manière, l'objet des pages intitulées : *Les Pensées.*

Ce sont, en effet, les magasins où Stendhal, prévoyant, a mis un peu de tout — et beaucoup de lui-même... Littérature, amour, politique, histoire, philosophie, peinture, remarques personnelles...

Le lecteur, s'il veut bien se souvenir que

ces pages traduisent les inquiétudes d'un enfant et non d'un écrivain parvenu à la maîtrise de son art, devra considérer ces pensées comme le rare et même unique témoignage de la première personnalité de Beyle.

Il y est sans attitudes.

J. DE M.

MÉDITATIONS

Je puis ranger mes méditations sous deux ordres différents :

I

Philosophie, ou art de connaître et de dépeindre les passions des hommes. Goût de la philosophie, ou proportions que je dois garder dans la peinture de chaque caractère, pour produire le plus grand effet au tableau épique, tragique ou comique.

II

Style, ou art de faire des phrases françaises, de manière à ce qu'elles montrent le plus exactement et le plus clairement possible le caractère ou la chose que je peins, en lui donnant le vernis qui lui convient.

Je ne sais pas grande chose en harmonie, mais il me semble que cette qualité de style a fait dire bien des bêtises.

Comment risquer d'être aimable aux yeux d'un homme qui vous inquiète par son sang-froid, qui vous examine, qui ne se livre point ?

On ne se met à son aise qu'avec ceux qui se hasardent avec nous, qui donnent prise sur eux[1].

La Bruyère dit que « le caprice est dans les femmes trop près de la beauté pour être un contre-poison ».

Je crois fermement que le caprice n'est près de la beauté que pour en ranimer les charmes, pour les faire valoir.

---

1. En marge du feuillet :

« La Rive m'exhorte au naturel : — Vous avez quelque chose qui plaide pour vous et qui attire en entrant dans un appartement. »

On s'accoutume si aisément à voir les mêmes traits, et l'admiration est un sentimens si froid et de si peu de durée...!

Tâcher de me défaire des préjugés que m'a donnés J.-J. Rousseau.

Et il m'en a donné beaucoup.

La raison la plus éclairée ne donne pas d'agir et de vouloir.

Suffit-il d'avoir la vue bonne pour marcher? Ne faut-il pas encore avoir des pieds et de la volonté, avec la puissance de se remuer.

Les conseils de la vieillesse éclairent sans réchauffer, comme le soleil d'hiver.

On n'est pas né pour la gloire, lorsqu'on ne connaît pas le prix du temps.

Je dirai que c'est la flatterie qui conduit l'amour, et qu'on ne parvient à l'introduire dans le cœur d'une belle qu'après avoir payé le tribut à sa vanité.

Psyché perdit l'amour pour avoir voulu le connaître.

Une jeune femme se persuade bien mieux qu'elle est aimée par ce qu'elle devine, que par ce qu'on lui dit.

Il faut aux femmes un respect de déférence, de ménagement ; non pas un respect d'idiotisme ou d'inaction.

Souvent nous applaudissons de nous voir sacrifier un rival, et nous ne sommes que les instruments d'un effet qu'on veut produire dans le cœur de ce même rival.

C'est une mauvaise société pour une jeune femme que la société des autres femmes.

Avec les hommes, elle se forme le caractère, elle a des observations moins malines et elle évite les infernales calomnies de ses rivales et leur fausse amitié encore plus funeste.

Une femme est sans cesse agitée par le désir de plaire et la crainte du déshonneur.

Notre rôle est d'être imprudents en l'air, témoignant notre tendresse; le leur de paraître s'en fâcher et de nous récompenser bien vite.

Je cherche à voir la vérité et à la dépeindre de la manière la plus touchante possible.

Travaillant ainsi, je ne peux pas vieillir, ni ma gloire tomber.

Faire un cahier des passions : Amour, Haine, Ambition. Je rangerai sous chaque titre ce qui m'arrivera ou ce que j'apprendrai de propre à faire connaître ces passions.

Les yeux bordés de noir des têtes de femmes de Raphaël, qui leur donnent l'air d'avoir passé la nuit avec leurs amants...!

Examiner cette idée, qui me semble de génie.

Bien examiner jusqu'à quel point la vanité est la passion dominante des Français.

Quel est mon but?
Être le plus grand poète possible.
Pour cela, connaître parfaitement l'homme.
Le style, n'est que la seconde partie du poète.

I. Prendre l'habitude de la plaisanterie.
II. Ne jamais agir tragiquement par passion, mais être toujours d'aplomb sur moi-même. De sang-froid dans les rues, au café, en visite.

Je ne marche pas. J'avale sans savourer, ce qui est une duperie. Manger avec autant de sang-froid que dans ma chambre. Marcher doucement, mais du reste toujours de la même manière, à la Fleury[1]

III. Ne pas m'amuser à m'affliger des

---

1. Un acteur de l'époque, réputé, à la ville, pour son extrême élégance.

malheurs arrivés, et, par conséquent, inévitables.

Employer le temps où l'on ressent la douleur à combiner les moyens de l'éviter à l'avenir.

Appliquer toutes les images des philosophes directement à moi. Cela évite une opération à mon imagination.

Hobbes dit : « un homme qui a passé par une ville étrangère... »

Au lieu de ville étrangère, dire : Mantoue, Modène, etc.

Un bon style nous découvre une infinité de petites vues sur la nature humaine.

Examiner cela, si intéressant pour moi.

Le corps d'un homme est mu par les passions de cet homme, suivant les habitudes qu'elles lui font contracter.

Les passions ferment plus ou moins la porte aux sensations présentes.

Bonne réponse aux gens qui nient qu'un fait soit possible :

« Aussi ne dis-je pas *que cela se puisse*, je dis *que cela est.* »

Il y a des gens qui me gênent et avec lesquels je ne suis pas naturel; tels sont : Félix Faure et Boissat[1]

C'est, je crois, que je sens que ma manière naturelle ne saurait leur plaire. Et cependant je suis jaloux de leur plaire !

Malheureuse vanité, qui fait qu'en voulant plaire, je plais moins !

Si je vais dans une société, ne rien dire les premiers jours, jusqu'à ce que je me sente la force d'être naturel.

Tâcher d'être moi-même; c'est le seul moyen qu'un homme ait pour plaire.

Pour être sûr de cela, n'avoir aucun projet dans la société que celui de m'y faire souffrir, surtout de finir de faire la cour à une femme.

1. Ses amis d'enfance.

Le moyen est certain : je n'aurai point de peine et elles me rechercheront.

Je pense comme *Suard*[1] on ne trompe jamais sur son caractère ceux avec qui l'on vit tous les jours.

Plus on est du monde, plus on est vaniteux.

Tencin[2] en est la preuve.

Son visage prend déjà la physionomie de la haine en parlant de *Dalban*[3] qui ne l'offense uniquement que comme homme de lettres.

Voici trois traits bien remarquables : il aime à se faire honneur de d'Alembert ; il

---

1. Suard, de l'Académie française. 1734-1817 — Philosophe estimable.

2. Un ami.

3. Dalban (Jean-Bapt-Pierre) né à Grenoble, en 1784, mort en 1864. Auteur de quinze tragédies et de nombre de comédies, de drames, d'élégies, d'épitres.

« Écrivain fossile ; grotesque maniaque » dit le biographe Rochas, ordinairement indulgent dans ses appréciations.

répète qu'il tient à la famille comme fils de Madame de Tencin, etc; enfin, il le prouve.

Voyant l'autre jour dans Jean-Jacques les abréviations: d'A.. et D.., il me demanda ce que cela voulait dire. Je répondis : d'Alembert et Diderot.

— « Et quoi! me dit-il, ils vivaient en même temps?

Voyant dans un journal un article sur la vanité des hommes de lettres, il me dit avec la figure la plus exprimante que je lui aie jamais vue :

— « Il y a beaucoup à dire là-dessus!

Réellement, Tencin est un homme distingué: mais quelle ignorance et quelle vanité!

Prendre l'habitude d'écrire ces petites réflexions tout de suite. Celles-ci n'ont pas la vérité avec laquelle j'aurais pu les écrire il y a quatre jours.

Je sens que je deviens raisonnable, que je me mûris.

Je vois s'affaiblir et mourir d'anciens préjugés que j'aurais mis dans mes écrits si j'avais produit plus tôt.

Je serai, je l'espère, l'écrivain qui aura le moins offensé la vanité de mes lecteurs, et, par conséquent, celui qui aura le plus de grâces.

C'est Tencin qui m'a fait faire toutes ces réflexions.

Chez nous autres Français, dans ce moment-ci (messidor, an XII) la Vanité remplit toute l'âme.

Pourquoi est-ce qu'on aime le délicat? Pourquoi préfère-t-on Racine et Raphaël à Corneille et à Michel-Ange? (je suppose Michel-Ange tel que je l'imagine).

C'est la vanité.

Moi-même, à mesure que je deviens plus semblable à ceux qui m'entourent (ce que j'appelle plus raisonnable) je sens que j'aime mieux le gracieux que le grand.

Le poids de l'admiration m'importune.

Le nombre des objets de mon admiration diminue chaque jour.

La naïveté et la franchise me plaisent chaque jour davantage.

Je deviens amoureux de La Fontaine.

Ce qui m'a éloigné du monde jusqu'ici, ce sont, je crois, plus mes habitudes que mes passions. Je suis trop bizarre, trop inconstant.

Souvent nous trouvons dans une visite le contraire de ce que nous y allions chercher.

J'ai ri où je pensais m'ennuyer... Songer à cela.

La vanité est-elle naturelle à l'homme? et la montre-t-il davantage à mesure qu'il est débarrassé de *préjugés?* Si cela était, comme nous en avons beaucoup moins que sous Louis XIV, il est tout naturel que nous la montrions davantage, et que cherchant des jouissances pour elle, nous ménagions la vanité des autres, afin qu'ils flattent la nôtre.

Etudier bien l'idée de *perfectibilité* qui me mènera, si je la trouve fondée, à *un état de l'âme* bien doux : *l'optimisme*. On voit quel optimisme j'entends. Celui que j'éprouvais la première fois que je vis jouer l'*Optimiste* de Collin [1].

Tout le monde a de la vanité ; je n'ai vu personne jusqu'ici qui en manquât, surtout les Français. Est-ce un caractère particulier à nous, ou est-ce tout bonnement que nous sommes plus civilisés?

J'ai cru jusqu'ici que les passions devaient plaire dans le monde à ceux avec qui j'avais affaire, et l'air passionné aux autres. C'est peut-être la vanité qui m'a fait croire ça. Je croyais que je n'avais besoin pour plaire que de me montrer tel que j'étais. J'apportais cette opinion à mon retour d'Italie (nivôse, an X), je ne me suis désabusé que

1. Comédie en cinq actes et en vers. Théâtre-Français, 1788.

dans messidor, an XII (vingt-neuf mois et quinze jours après).

J'ai beaucoup changé depuis 25 mois. Je connais l'empire de la vanité sur les hommes. Je n'ai donc plus à vaincre que les mauvaises habitudes que m'avait données mon faux système.

Si en arrivant à Paris, en germinal an X, j'avais eu le bon sens de me montrer tel que j'étais, je n'aurais pas perdu tant de batailles en fructidor an X, auprès d'Adèle. Elle aurait vu ma timidité et, puisqu'elle m'aimait, elle l'aurait encouragée. Au lieu de cela, elle me crut ce que je me figurais être; elle fut trompée dans son attente, et tout fut perdu. Donc, même alors, avec mon naturel, j'aurais plu ; à plus forte raison à cette heure.

Qu'est-ce que c'est que la sottise proprement dite ? C'est de se nuire à soi-même. Par exemple, je désire que mon père m'envoie de l'argent, il ne m'en envoie point, et, certainement, j'en aurais eu si j'avais flatté sa vanité. De manière que cet homme qui s'applique tant à connaître les caractères, n'a su tirer parti de celui qui lui importait le plus de ménager. Par quelle raison? Je n'y vois que vanité mal entendue. César, qui aspirait à gouverner le monde, permit à Nicomède de l'enculer.

La comparaison est basse, mais énergique; il s'agit du plus grand ambitieux qui ait existé.

Considérant qu'*audaces fortuna juvat*, et que si je ne fais rien d'extraordinaire, je n'aurai jamais assez d'argent pour m'amuser, j'arrête :

ARTICLE PREMIER

A tous les tirages de la loterie de Paris (les 3, 15 et 25) je mettrai 30 fr. sur le terne, 1, 2, 3.

Art. 2.

Tous les premiers du mois, je remettrai 3 fr. à Mante [1] pour qu'il les mette sur un quaterne à 1 fr. à chaque tirage.

Art. 3.

Tous les mois j'irai jouer 30 fr., à la *Rouge et Noire*,[2] au n° *113*. Ainsi, j'acquerrai le droit de faire des châteaux en Espagne.

Ce qui me manque le plus, c'est l'expérience; j'ai très peu de génie immédiat.

On est bien autrement convaincu de ce qu'on a vu que de ce qu'on a lu.

Il est doux d'avoir de jolies femmes et d'entrer dans le monde par le ciel.

1. Un de ses amis.
2. Voilà peut-être qui explique le titre du volume, titre si passionnément commenté.

Je m'occupe trop à me regarder pour avoir le temps de voir les autres.

Chercher ce qu'on dirait de tel homme ou de telle chose si l'on était appelé à les juger en deux lignes, devant un tribunal composé de Molière, Helvétius, Corneille, Homère, Ossian et La Fontaine.

Je crois que lorsque nous pensons très vite, nous glissons sur les verbes et pesons sur les substantifs. Voilà comment pensent les âmes faibles.
Moi, je vois les choses !

Amusez une femme, et vous l'aurez.

Je ne serai jamais aimable tant que je ne saurai par cœur beaucoup d'anecdotes !

Lorsque, pour un concours à l'Institut, pour un discours, une préface, j'aurai besoin
Lu dans mes sensations :

J'ai une sensation agréable : celle de mes cheveux divisés en deux, massés sur les deux tempes.

Je m'arrête à en jouir; à en goûter les nuances.

Le philosophe l'eût détruite pour voir si c'était bien de là que venait le plaisir.

En tout pays absolu[1] c'est un grand moyen de fortune que d'être médiocre[2], s'il est vrai qu'en général, avec les princes, il ne faut rien de tranchant et que l'hésitation, en délibérant, leur plaît toujours. Je crois que cela est vrai principalement pour Frédéric-Guillaume II (qui n'avait pour caractère que l'unique crainte d'être gouverné).

---

1. A propos d'une Histoire secrète de la cour de Berlin. — N. de B.

2. Mettre cela *in the two men*, sur le compte de Chamoney. — N. de B. — Les *Deux hommes*, comédie en vers, inachevée, de Beyle. Il changea le titre à différentes reprises pour s'arrêter, définitivement, à celui de *Letellier*.

Il savait, ce prince qui connaissait si bien les hommes, qu'il vaut mieux mal répondre que ne pas répondre. (Par conséquent, il vaut mieux mal écrire que ne point écrire ; il vaut mieux faire une visite et n'y avoir point beaucoup d'esprit, que de ne pas la faire).

Un républicain et un monarchiste ont à se venger d'une injure et en prévenir une autre par une répartie.

Le républicain montre sa force qui est son droit ; le monarchiste soumet sa cause au jugement de tous ceux qui l'écoutent, flatte leur vanité, et gagne sa cause.

La réponse du républicain est complète et sans réplique, celle du monarchien est bien plus aimable [1].

Je connais deux moyens de guérir une femme qui se dit malade.

---

1. D'après une anecdote de M. de Guines : *Souvenirs de 20 ans*, III, 218. N. de B.

Le premier est de l'occuper, le second est de l'inquiéter. Au premier instant où votre femme vous aimera, feignez à votre tour d'être malade ; vous distrairez ainsi son attention, et, moins occupée d'elle-même, elle s'occupera de vous.

Un de mes amis a composé à ce sujet une fort jolie comédie que sa femme, après guérison, a revue et corrigée.

En fait de style, bien réellement et sans phrases de journal, *la forme fait partie de la chose*; une transposition des mots montre l'objet d'un autre côté.

Pour les sentiments, le rythme les montre. Le rythme doit donc entrer dans un ouvrage en proportion des sentiments qui y sont.
Cela n'est vu que par les gens de génie.

On n'est pas grand, si on n'est pas original. Mais on peut être original sans être grand.

Quand je voudrai peindre un caractère, l'étudier chez tous ceux qui l'ont réellement eu;

Sublimer ensuite sur mes traits vrais et naturels.

Qui ne craint point de loi est aussi puissant que celui qui n'en reconnaît point.

En général, j'ai beaucoup plus ressenti la terreur et l'admiration que la pitié.

La liaison des idées ne vient que de la liaison des sensations. Exemple : l'odeur du kina, dès qu'elle m'est rappelée le plus légèrement du monde, me fait prendre en horreur l'objet qui me la rappelle.

Il en serait de même si cette odeur était excellente, à moins qu'elle ne vainquît la répugnance que le kina me donne ces jours-ci.

Nous sommes sans cesse occupés à chercher certaines sensations et à en fuir d'autres.

Malgré cela nous ne sommes pas maîtres de nos sensations :

Faure [1] et moi, nous allâmes à Versailles, il y a 18 mois, pour avoir du plaisir.

Diverses causes firent que nous n'y en eûmes point, et voilà que la première impression que Versailles fera sur moi quand j'y retournerai, sera triste, à moins qu'une passion ne me distraie.

Je suis dans le plus haut de la philosophie. Profiter du moment pour me faire un système.

Les libraires autrefois faisaient des pacotilles des romans qui ne pouvaient pas prendre à Paris et les envoyaient aux colonies.

Je vois que tôt ou tard on fera une pacotille des tableaux de l'époque actuelle qui ne

---

1. Le Président Félix Faure, né en 1780, décoré en 1832, mort en 1859.

se vendent pas et on les enverra aux États-Unis, où ils seront très propres à former un peuple jeune, qui n'a pas encore eu le temps de penser à aucun art.

A ceux qui nient la perfectibilité de l'esprit humain :

La constitution anglaise, adoptée dans une partie de l'Europe au commencement du dix-neuvième siècle, et Bonaparte, ce génie du despotisme — quand l'oubli total des anciennes coutumes et l'absence de la noblesse le forcèrent de donner une constitution écrite à la France — obligé, par le progrès des lumières, de donner à sa Constitution la forme anglaise.

Les peintres doivent étudier la science des ombres du rouge.

Sapphô ne vit dans l'amour que le délire des sens ou le plaisir physique, sublimés par la cristallisation.

Tibulle, Ovide et Properce ont peint l'amour tel qu'il pouvait exister chez les maîtres du monde.

Les maîtresses de ces trois grands poètes furent des femmes coquettes, infidèles et vénales.

Ils ne cherchèrent auprès d'elles que le plaisir physique, et il me semble qu'ils n'eurent jamais l'idée des sentiments qui quatorze siècles plus tard, faisaient palpiter le sein de la tendre Héloïse.

Le brillant génie d'Ovide, l'imagination riche de Properce, l'âme sensible de Tibulle, leur inspirèrent sans doute des vers différents, mais ils aimèrent de la même manière des femmes à peu près de la même espèce.

Ils désirent, ils triomphent, ils ont des rivaux heureux.

Ils sont jaloux, ils se brouillent, ils se raccommodent.

Ils sont infidèles à leur tour, on leur pardonne, et ils retrouvent un bonheur qui bientôt est troublé par le retour des mêmes chances.

Une femme appartient de droit à celui qui l'aime et qu'elle aime plus que sa vie.

Dans notre siècle (et probablement dans tous) une trop forte conception du *beau* parfait conduit au malheur.

On hait ceux qui s'opposent à la perfection que l'on s'imagine, et la haine est un sentiment douloureux.

C'est surtout le meilleur possible, en politique, qui est pénible à sentir. Voilà mon état de l'année dernière, après avoir lu Alfieri, lorsque je disais à Mante en regardant les Tuileries, que *ce château me pesait sur les épaules.*

Je fais plusieurs réflexions sur le bonheur, aujourd'hui dimanche :

I

Dans ma conversation, excepté avec *Mante*[1] plaisanter habituellement. Il me faut me former à cela.

II

Chez une nation où la vanité est la passion dominante, un mot spirituel pare à tout.

III

Marcher dans la rue, entrer au café, faire une visite de sang-froid ; ce qui ne veut pas dire d'un air froid, au contraire,

Pour arriver à cela, m'arrêter dès que je me sentirai dominé par une passion.

---

1. Mante est le plus cher ami de Beyle et le plus intime : « C'est un homme bien rare et bien digne d'être aimé. Le génie le plus vaste et le cœur le plus sensible, mais sensible sans petitesse ; simple, naturel en toutes choses. Charmant, enfin. »
Note de Beyle sur la couverture d'un cahier.

IV

Descartes conseille, avec beaucoup de raison ce me semble, de tâcher de prendre sur soi de ne pas s'affliger des événements arrivés. Je suis malade, j'ai perdu une somme au jeu : que me sert de m'affliger ?

Il n'y a qu'une affection agréable, c'est celle qu'on nomme la mélancolie, lorsqu'on se dit avec le cœur gros : je méritais mieux ! Et de qui mériter mieux ?

V

Lorsqu'une passion est trop vive, lui céder. Cela me dégoûtera.

VI

Chercher les plaisirs de sa position. A cette heure, à Paris, avec cent livres de pension, je ne respire que pour le temps où j'aurai six mille livres de rente.

Chercher les plaisirs à ma portée. J'avais

pris l'habitude de la sauvagerie et serai devenu maussade pour le reste de ma vie.

Il ne faut jamais généraliser un fait dont on veut tirer une conséquence. C'est m'exposer à de grandes erreurs lorsque je puiserai des pensées dans mes cahiers. Par exemple, quand je songe à une action de mon père, il faut dire *mon père*, à moins que je ne fasse suivre ce nom de toutes les circonstances qui rendent mon père différent des autres pères : qu'il a cinquante-huit ans, qu'il aime l'agriculture.......

Point d'honnête femme qui ne soit lasse de son métier. Je le crois en théorie. — Vérifier cela sur la nature.

Ne jamais croire impossible pour moi que ce que j'aurais manqué de sang-froid.

Ne jamais raisonner avec les femmes de province.

Je puis appliquer à l'art d'avoir une femme

tout ce que je sais de l'art de gagner une bataille et de prendre une ville.

Un des premiers principes de cet art est de ne jamais manquer à l'occasion, et pour l'homme courageux et de sang-froid il s'en offre à chaque pas.

Un homme de la ville est pour une femme de province, ce qu'est pour une femme de la ville un homme de la cour.

Dans un poëte, les images dont il cherche à se souvenir exactement, ne doivent-elles pas prendre à la longue la teinte du modèle idéal qu'il s'est formé?

L'état de maladie est peut-être bon en ce qu'il sort de l'*ornière* la manière de sentir.

Dans ce cahier il y a de bonnes choses: les sentiments y valent mieux que les pensées.

Que me manque-t-il pour être heureux?

Société et argent avec considération.

Je n'ai qu'à faire les deux H...[1], et dans un an, ou dix-huit mois, j'ai tout cela.

Prendre exemple sur Mirabeau. Combien il était plus malheureux que moi au donjon de Vincennes !

Et il avait 27 ans ; il était sûr de ses talents.

Je manque de courage. Lire souvent Mirabeau, il m'en donnera. Étudier quand mon imagination est fatiguée.

Il faut m'habituer à ne m'estimer qu'autant que je serai blâmé.

Toute ma Science, ou du moins une partie, est de préjugés.

Si tous les auteurs que j'ai lus s'étaient accordés à supporter une passion qui n'existe pas, j'y croirais !

Dans l'examen de cette question : Est-il

1. *Les Deux Hommes.*

avantageux à la poésie de se servir d'une langue un peu différente de l'usuelle? Je puis remarquer que la populace voudrait que Talma eût une voix autre que la voix humaine

Cela la satisferait dans la première scène, mais l'ennuierait à la longue.

En poésie le génie d'expression est un génie de nécessité.

Il faut tâcher de devenir poète-sculpteur.
Pour cela, se figurer tous les objets que l'on veut peindre. Ne s'occuper du style que lorsqu'on se sera entièrement transporté devant l'image que l'on veut peindre.

On sera étonné de la facilité qu'on éprouvera à écrire supérieurement.

On ne peut mépriser ce qu'on voudrait être.

Le plus grand défaut d'une belle figure est

de ressembler à l'idée de beauté que nous avons dans la tête.

Je ne hais ni n'aime personne — Je cherche à connaître.

Je me fixerai en Italie [1]. Mais il est bien dommage que mon art ait ses modèles en France.

Un artiste Italien écrivait de Paris : « Je me déplais infiniment ici. Je crois que c'est

[1]. Dès l'enfance, Beyle fut obsédé par l'idée de vivre en Italie.

La famille de sa mère était d'origine italienne. Sa grand'tante Elisabeth assurait que les Gagnon avaient émigré en France aux environs de 1650, et s'étaient fixés à Grenoble.

Ce qui confirmait Beyle dans cette croyance, ajoute Raoul Colomb, c'est que la langue de ce pays était en grand honneur chez ses parents — chose bien singulière dans une famille bourgeoise de 1780.

Ce détail encore :

— « Beyle se fit naturaliser Italien en 1840, deux années avant sa mort, mécontent de l'attitude prise par le ministère Thiers, dans la première question d'Orient. » (*La famille de Beyle*. Notes généalogiques, publiées par Ed. Maignien. Grenoble, 1889).

parce que je n'ai pas le loisir d'aimer à mon gré. Ici, la sensibilité se dépense goutte à goutte, à mesure qu'elle se forme, et de manière, (au moins pour moi) à fatiguer la source.

A Rome, pour le peu d'intérêt des événements de chaque jour, elle s'amoncelle au profit des passions. »

Il y a une chose dont on ne loue jamais les morts et qui est cependant la cause de toutes les louanges qu'on leur a données : c'est qu'ils sont morts.

Je suis peut-être l'homme dont l'existence est la moins abandonnée au hasard, parce que je suis dominé par une passion excessive pour la gloire, à laquelle je rapporte tout.

J'ai été de tout temps très sensible aux adieux. Je me souviens encore des larmes abondantes que me firent verser dans mon enfance certains adieux du marquis et de Nadine, dans les *Mémoires d'un homme de qualité* [1].

Il faut distinguer les émotions que j'éprouve comme homme sensible et comme poète ; ces deux hommes sont bien différents.

TRAVEL IN GRENOBLE, IN THE SPRING OF 1805.

Je dois me figurer que je vis dans une maison de fous. Si j'étais froid comme tous ces animaux stupides que je vois ici [2], je n'aurais pas besoin de tant travailler. D'abord, même en leur supposant de bonnes têtes, ils ne peuvent m'annoncer, pour telle situation où ils se sont trouvés et où je dois passer, que les sensations qu'ils ont éprouvées, et comme nos cœurs sont très différents, il est très probable que j'aurai des sensations

1. De l'abbé Prévost.
2. A Grenoble, dans sa famille.

extrêmement différentes dans les mêmes positions.

La preuve est claire; si j'avais leur position dans le monde, ne rendrais-je pas ma vie extrêmement différente de la leur!

LETTRE A MOUNIER

LETTRE A MOUNIER

Stendhal revient d'Italie. Il a fait la campagne comme maréchal des logis au 6ᵉ dragons et comme aide de camp du général Michaud. Dans les sacoches d'arçon, il avait emporté Helvétius, Montesquieu, Maine de Biran, Destutt de Tracy, « *afin*, dit-il quelque part, *que la philosophie ne laisse pas de place à la piété.* »

Eut-il le temps de parcourir ses auteurs favoris? Cette lettre, datée de Grenoble, à son retour — intercalée, par erreur sans doute, dans le cahier des *Pensées* — semble préciser que ni la lecture des philosophes, ni l'Italie, qu'il voyait pour la première fois, n'eurent à cette époque une influence directe sur sa pensée.

La *lettre à Mounier* est parmi les plus curieuses de Stendhal. Elle fixe une date de sa vie sentimentale et indique les sources certaines auxquelles il conviendra de puiser lorsqu'on voudra écrire une biographie définitive de l'auteur d'*Armance*.

Les commentateurs ne se sont que trop souvenu de la légende propagée par Mérimée, acceptée en partie par M. Taine et suivie, avec une si confiante candeur, par M. Edouard Rod.

J. DE M.

A MOUNIER

Depuis un mois, j'ai livré ma vie à toutes les dissipations du Carnaval.

Je voulais oublier de sentir.

J'ai trouvé ici [1], comme partout, beaucoup d'amour-propre et point d'âme.

J'estime peu les hommes, parce que j'en ai vu peu d'estimables.

J'estime encore moins les femmes, parce que je les ai vues presque toutes se mal conduire. Mais je crois encore à la vertu chez les uns et chez les autres.

Cette croyance fait mon plus doux bonheur. Sans elle, je n'aurais point d'amis, je n'aurais point de maîtresse.

Vous me croyez galant et vous vous figurez sous mon nom un sot animal; j'en sens

---

1. A Grenoble.

trop bien le ridicule pour l'être à jamais dans toute la force du terme.

J'ai pu avoir quelques bouffées d'amour-propre comme tous les jeunes gens. J'ai pu être sot par bon ton lorsque je me croyais regardé.

Mais tout mon amour-propre est bien vite tombé en voyant mes prédécesseurs et ceux qui me succèdent.

Enfin, vous achèverez de vous détromper de ma fatuité lorsque vous saurez qu'ayant eu quelquefois l'occasion de voir la femme que j'aime, je ne lui ai jamais dit ce mot si simple : « *je vous aime* », et j'ai tout lieu de croire qu'elle ne m'a jamais distingué, ou, si elle l'a fait un instant, j'en suis parfaitement oublié.

Je suis tout à fait dégoûté des femmes.

Jamais aucune d'elles ne sera plus ma maîtresse; celles qu'on a dans le monde m'ennuient.

Je me jette dans la vie avec un cœur pur. Je tâcherai d'acquérir des talents.

Je vivrai solitaire avec mon âme [1] et j'attendrai, pour voguer, que le vent vienne enfler mes voiles.

---

1. « Je suis ennuyé de la nature humaine. Les grandeurs m'ennuient, le sentiment est desséché, la gloire est fade... »

Lettre de Napoléon à Joseph Bonaparte.

AUTREFOIS, DÈS QUE J'ÉTAIS SEUL...

AUTREFOIS DÈS QUE J'ÉTAIS SEUL...

Trente-huit ans séparent la *lettre à Mounier* des quelque notes qui suivent, tracées un soir de fièvre, à Montpellier.

Le hasard qui les a réunies, à la fin du cahier des *Pensées*, a réuni aussi, et mieux que ne l'eût fait peut-être la vigilante piété d'un admirateur, deux des moments les plus pathétiques de la vie de Stendhal.

Ce sont les extrêmes et distantes limites d'une sensibilité certainement exaspérée par la complication des méthodes de traitement.

Aussi bien — et c'est là un enseignement à retirer de ces pages — les disciplines trop subtiles ne valent qu'à la condition de les employer avec prudence. Chez Stendhal, elles sont surtout littéraires...

J. DE M.

Montpellier, 1838

(*Dimanche soir, comme minuit sonne*)

. . . .

Autrefois, dès que j'étais seul, je rêvais à des aventures d'amour tendres et romanesques, plutôt que flatteuses pour l'amour-propre.

Depuis, je suis devenu moins sot. J'ai appris lentement qu'il faut surtout intéresser l'amour-propre et, avant tout, cacher comme le plus funeste des désavantages la passion que l'on pourrait ressentir.

Cette belle science m'a rendu peut-être moins gauche dans l'occasion, quoique je le sois toujours beaucoup ; mais elle m'a volé mes charmantes rêveries de voyage !

Maintenant, je songe aux arts et aux campagnes de Napoléon. Ce dernier sujet est triste pour moi !

Je me vois tombé dans une époque de

transition, c'est-à-dire de médiocrité, et à peine sera-t-elle à moitié écoulée, que le temps, qui marche si lentement pour un peuple et si vite pour un individu, me fera signe qu'il faut partir.

J'étais bien plus fou, mais bien plus heureux quand, sans en rien dire à personne, et déjà grand garçon, en donnant des signatures officielles, je songeais toujours aux passions que je me croyais à la veille d'éprouver, de sentir, et peut-être d'inspirer.

Les détails d'un serrement de mains sous de grands arbres, la nuit, me faisaient rêver des heures entières. Maintenant, j'ai appris à mes dépens qu'au lieu d'en jouir, il faut en profiter, sous peine d'en être aux regrets deux jours après...

Eh bien! je voudrais presque redevenir une dupe et être un nigaud dans réalité de la vie, et reprendre ces charmantes rêveries si absurdes et qui certes ne pourraient porter ombrage à personne!

Je dédaigne souvent d'entrer en campagne.

Un rien suffit pour m'inspirer du mépris. Je me gourmande, un an après, d'avoir méprisé. Mais ce sentiment est plus fort que moi dans le moment, et la raison, pour me consoler de cette malheureuse facilité à mépriser ce qu'il eût fallu aimer, vient me répéter (ce qui est faux, ce qui est incertain!) : il ne faut plus aimer !

Tant qu'on est capable d'aimer, pour son esprit charmant, pour sa naïveté, une femme : être parfaitement bête ou sournoisement comédienne; tant qu'on peut avoir une illusion parfaitement, complètement absurde, on peut aimer.

Et le bonheur est d'aimer, bien plus que d'être aimé.

JOURNAL

DU VOYAGE A LA MER

« Je l'avouerai en toute humilité, dussé-je, faire tort à mon sentiment de l'idéal — si l'on pouvait avoir dans toute sa suite le *Journal de voyage* de Montesquieu, ces notes, toutes simples, toutes naturelles, dans leur jet sincère et primitif, je les aimerais mieux lire que l'*Esprit des Lois* lui-même et je les croirais plus utiles. »

Ce vœu de Sainte-Beuve a été réalisé. Nous le réaliserons aussi, et à peu de chose près, pour Stendhal, en publiant ici ces fragments, restés inédits, des *Mémoires d'un touriste*.

Encore que le Havre n'avait pas, en 1811, la célébrité que les événements lui ont conféré à cette heure, il est intéressant, quand même, de connaitre l'impression qu'en retira Stendhal. L'auteur du *Voyage à la mer*, n'est-il pas ce *voyageur philosophe* dont parle l'abbé Guasco « qui sait voir, là où les autres ne font que regarder ».

J. DE M.

JOURNAL DU VOYAGE A LA MER
1811

Nous sommes partis de Paris le 29 avril, à quatre heures du matin, et sommes arrivés à Rouen à quatre heures du soir, environ.

Pendant la route, j'ai dormi et remarqué quelques positions agréables, des maisons bien situées, une belle verdure et des plantations qui font plaisir à voir. Les vergers surtout sont remarquables par la grandeur, la beauté des arbres et leur nombre. Mais tout cela me donne l'idée seulement de l'aisance de la propreté et d'une industrie tranquille et égale. Le petit village de Fleury, à cinq ou six lieues de Rouen, bien bâti, situé au milieu d'un vallon bien vert, bien planté, bien arrosé, est ce que j'ai vu de plus joli.

Mais il faudrait un bon torrent, et deux coins de rocher! A Rouen, nous nous sommes promenés jusqu'à six heures, nous avons vu l'intérieur de la ville, aussi laid que celui de Troyes, bâti en bois, pignons en saillie à chaque étage.

Nous sommes allés voir la maison où naquit Corneille, le 9 juin, 1606. C'est une petite maison blanche de trois étages, bien simple, ou pour mieux dire bien laide. Corneille est né au second. Les provinciaux n'y ont pas mis d'inscription pompeuse. Dans une bonne solitude sauvage, cette maison et l'inscription : *ici est né Corneille le 9 juin, 1606*, ferait un bien grand effet.

Mais au milieu des teinturiers de Rouen, cela ne produit rien sur le cœur d'un brave homme.

Le matin, 30 avril, nous sommes partis à cinq heures de Rouen pour le Hâvre ; nous avons vu un beau quartier le long de la Seine, planté comme les boulevards de Paris, adossé à un joli coteau et semé de belles maisons.

Le Hâvre est une jolie rue où il y a quelques maisons. L'extrémité de cette rue, opposée au côteau, est un des bassins; l'autre bassin est près de l'entrée de la ville. Tous deux sont pleins de bâtiments qui m'ont fait beaucoup de plaisir.

Nous avons vu sur la mer quelques bateaux pêcheurs; cela m'a paru une grande quantité, à moi qui voyais la mer pour la première fois. J'étais enchanté de voir ces petits et frêles bâtiments affronter ainsi le danger.

Le bruit des vagues, quoique la mer fut calme, excite vivement l'attention. Avant dîner, nous sommes montés sur un rocher, à droite de la première jetée. Sur ce rocher, sont deux phares d'un bien joli style : on en voit la lumière à neuf lieues en mer.

Le soir, la mer était bien calme; il ne restait plus que deux ou trois bâtiments. Je commençais à sentir la beauté du spectacle et le commencement de terreur que produit le *grand*.

Une heure, là, seul; la lune, un peu de

vent, et je serais tombé dans une profonde mélancolie.

Au port du Hâvre, très peu de monde et peu de bruit. Nous n'y avons pas vu de jolies femmes. Les hommes ont l'air fin et leur accent traînard ne manque pas de naïveté. Cet accent n'est pas grossier, comme celui de Lyon.

Le soir, j'ai écrit à S... et me suis couché dans l'intention de bien goûter demain le plaisir de naviguer pour la première fois. Fait marché avec un batelier pour passer demain une partie de la journée en mer. Nous nous sommes procuré pour cela *Attala* et *René*, de Châteaubriand.

1er Mai

Partis à cinq heures du matin, à bord du *Père de famille*, joli petit bateau marchant très bien. Jusqu'à 10 heures environ, je n'ai pas senti le mal de mer, mais depuis dix heures jusqu'au moment où nous avons débarqué, j'ai eu dans cette partie du corps, entre l'estomac et le bas-ventre, une sensation pareille à celle qu'on éprouve après avoir pris médecine. Point d'étourdissement, mais lassitude, affaiblissement, finissant dans les jarrets, et une sorte de paresse — d'apathie — qui est l'état le plus pénible du monde. Je préférerais une bonne douleur. J'ai vomi deux fois. La deuxième a été provoquée par l'odeur du poisson qu'a produit la pêche qui n'a pas été considérable, mais qui a fourni du poisson de bonne qualité. Crozet[1] est celui qui a été le plus malade.

Il y avait parmi nos pêcheurs un matelot paraissant avoir de l'esprit, ayant fait l'expédition du commandant Baudin. Cet homme n'a pu encore se faire complètement à la mer; il est malade par les gros temps. Le patron a également un fils qu'il n'a pu faire à la mer ; il vomit jusqu'au sang, qui lui sort par la bouche, le nez et les oreilles.

1. Un ami de Beyle.

Nous sommes allés à cinq ou six lieues en avant, à peu près à la hauteur de Caen, vers l'île de Wight. La brume nous a permis de nous croire en pleine mer, ne voyant que le ciel et l'eau.

L'idée de danger ne s'est pas présentée à moi ; ce qui l'eût repoussé, d'ailleurs, c'était la parfaite sécurité de ces pêcheurs (tous matelots avant la guerre). Les uns dormaient, les autres jouaient aux dames, dans le moment où le balancement du bateau était le plus considérable et assez incommode pour nous obliger à nous tenir aux cordages.

Revenus avec un bon vent, mais très fatigués, nous sommes allés chez M. Cotteau, commissaire général, dont le commis nous a invités à ôter notre chapeau.

J'ai revu la mer.

L'odeur du goudron m'a rappelé vivement Marseille et Mélanie.

Est-il donc tout à fait impossible que je redevienne jamais amoureux?

Si jeune encore, faut-il renoncer à mon cœur?

Triste effet des passions dévorantes et du malheur d'avoir été lancé de trop bonne heure dans le tourbillon..!

Les habitants des côtes doivent avoir l'esprit moins étroit que les habitants de l'intérieur. La mer, qui renferme l'idée de l'infini, est sous leurs yeux. Ils parlent sans cesse des dangers qu'elle fait naître, du courage avec lequel on les surmonte et des fortunes rapides qu'on fait par le commerce maritime.

La conversation du marin rentré au port est moins bête que celle du notaire de Bourges.

J'ai béni le bonheur de n'être plus militaire. En voyant de près la vie de ces animaux-là, il faut leur pardonner leur ton tranchant : c'est le seul plaisir de ces pauvres diables.

2 mai 1811.

Quitté le Havre à quatre heures du matin. Crozet a eu à la poste la même espèce de désappointement que moi, en sortant de Strasbourg, au pont de Kehl, il y a deux ans.[1] Nous sommes revenus à Rouen, le soir au spectacle.

Nous avons vu *Crispin médecin* et un début dans *le Déserteur*, opéra. L'honneur d'avoir vu naître Corneille a donné à la ville de Rouen une terrible sévérité en matière de spectacle. On ne daigne pas applaudir le débutant dès son entrée, pour l'encourager. On veut qu'il ait gagné les applaudissements. Les jeunes gens écoutent avec un air grave qui fait mourir de rire; ils ont peur d'avoir du plaisir. Ils remarquaient tous la timidité de l'acteur et convenaient que rien n'était plus capable d'inspirer de la crainte que de paraître devant eux.

1. En revenant d'Allemagne.

L'orchestre est la place des filles; il y en avait vingt ou trente. Deux ou trois étaient passables; les jeunes gens leur font la cour pendant le spectacle et les laissent sortir seules.

Il y a à Rouen de charmantes boutiques et de bonnes confitures. L'accent normand fait bien mal aux oreilles. Une principale remarque est qu'on ne fait point usage de l'accent aigu, ainsi *été* se prononce *aitai*.

Par dessus cela, on traîne.

3 mai.

Le même conducteur nous a ramenés à Paris.

Nous étions malheureusement dans l'intérieur de la voiture, avec deux hommes que je crois commerçants et une petite femme d'une figure douce et distinguée. J'ai achevé le premier volume de G...

Il faut voir la littérature comme un remède à l'espèce d'ennui que le gouvernement d'un peuple lui commande. Il me semble qu'avec cette grande vue, une page de principes et vingt pages d'exemples suffisent pour la littérature de chaque siècle.

Une lieue après la provinciale Pontoise, joli côteau où le philosophe, chagrin de ne pas avoir la croix, peut aller méditer et composer en paix.

Ce côteau est vis-à-vis du château de Montmorency, séparé par trois lieues de plaine.

COMMENTAIRES

SUR QUELQUES PIÈCES DE MOLIÈRE

Ces pages datent de la jeunesse de Stendhal.

A cette époque il s'occupa presque exclusivement de théâtre et dressa un grand nombre de scénarios. La liste est longue et curieuse des sujets qu'il se proposait de traiter à la scène, comme aussi des personnages dont il arrêtait les silhouettes par maintes observations, recueillies soit pendant les lectures, soit dans les multiples incidents de sa vie extérieure.

La comédie de *Letellier* est la seule qu'il ait à peu près achevée. Il y travailla longtemps et même à Moscou, durant la campagne de Russie.

J. DE M.

COMMENTAIRES

SUR QUELQUES PIÈCES DE MOLIÈRE [1].

LES FEMMES SAVANTES

Ces idées me sont venues ce matin, en lisant *Les Femmes savantes*, comédie sur laquelle je suis loin de voir clair.

La proposition morale que Molière tend à prouver me semble fausse.

Il faut, pour le bonheur d'une femme, qu'elle ait un travail sérieux pour servir d'ombre aux plaisirs, sans quoi l'ennui de la société la saisirait. Mais aussi, il est évident que deux heures par jour suffisent pour l'administration intérieure (En supposant un cuisinier intelligent qui sache écrire).

1. « Fait à Milan, en 181....., pour remplir les intervalles d'un rendez-vous à l'autre. » N. de B.

Ne vaut-il pas mieux pour le bonheur d'un mari, de la femme et des enfants que passé ces deux heures, elle emploie son temps à lire quinze ou vingt poètes, les bons historiens et les bons romanciers, qu'à faire une paire de bas qu'on peut acheter aussi bons pour 6 francs, ou qu'à faire de la tapisserie?

Elle aura moins de dispositions à vous faire cocu en faisant des bas : mais quel plaisir de vivre avec une bête?

La femme du laboureur, de l'artisan, du petit bourgeois, doit travailler utilement ; mais à partir de quinze ou vingt mille livres de rente, et en province six mille, ne vaut-il pas mieux qu'elle acquierre des idées et qu'elle devienne capable de donner des conseils à son mari, de l'amuser même et de le suppléer, s'il vient à mourir, dans la conduite de sa fortune? Une femme qui lit *Don Quichotte* tous les jours, n'est-elle pas plus propre à diriger une famille, que celle qui fait dix paires de bas et quatre fauteuils par an?

Le caractère de *femme savante* ne me

paraît pas susceptible d'un véritable ridicule [1], comme par exemple le caractère de l'homme qui ne veut pas être cocu (Arnolphe, de *l'École des femmes*).

Molière a recours aux excès de caractère. Les meilleures choses sont susceptibles d'abus : il donnera donc aux femmes savantes quelques ridicules des hommes savants, mais il ne leur donnera pas des ridicules provenant de la *qualité de femme* réunie à celle de *savant*.

Rappelons-nous bien qu'aucun être ne peut être ridicule par sa passion — car c'est une manière de chercher le bonheur — et je suis seul juge compétent de ce qui est heureux ou malheureux.

On ne peut donc pas rendre ridicule la femme qui aime les lettres pour les lettres, celle qui s'enferme dans son boudoir pour lire les tragédies de Schiller ; pas plus que

[1]. Molière a plutôt fait les *Femmes pédantes*. Le pédantisme tue la grâce, premier mérite des femmes. N. de B.

celle qui s'y enferme pour..., [1] ou mâcher du morin.

Comment faire voir au spectateur qu'elle se trompe dans cette manière de chercher le bonheur?

On peut seulement la peindre comme singulière, ce qui inspire un intérêt de curiosité, comme le Juif Shylock, dans le *Marchand de Venise*, qui veut couper, en vertu de son contrat, une livre de chair à Lothario. Mais cela ne fait ni rire ni pleurer.

Mme de Staël peut désirer que le public la regarde comme un génie créateur, comme un grand caractère. Je suppose que ce fut le but *d'une autre Suédoise, de Christine* [2].

---

1. En blanc dans le manuscrit...

2. Il existe, dans les papiers de Beyle, un article inachevé sur Mme de Staël. Cet article est d'une grande violence. Plus tard, Beyle reviendra sur son premier jugement et s'en excusera dans des notes d'une louable probité littéraire. Il avouera s'être trompé en partie sur le compte de *la Suédoise* (comme il l'appelle), mais approuvera quand même la conduite de Napoléon à son égard. Ce dont on ne peut que l'approuver.

Mme Necker me semble avoir été un ambigu de femme savante, pédante, de prude et d'ambitieuse. Donc, Mme de Staël peut avoir le ridicule de se trouver inconnue, quand elle se croit l'objet des regards du public

Et lorsqu'elle croit avoir inspiré, par sa conduite, la vénération, se trouver l'objet des plaisanteries de tout le monde.

Supposons *Christine* assistant incognito au souper de Louis XIV, Guillaume III, Victor-Amédée, Marlborough, le prince Eugène, venue là pour s'entendre louer et se trouvant accablée de plaisanteries par le prince Eugène, qui était Piémontais, bien fier, bien caustique, bien traître.

Mme Necker, croyant servir l'ambition qu'elle avait pour son mari par l'affiche de ses connaissances littéraires, se trouve dans un salon de la Cour où elle découvre que ce genre de connaissances lui a nui infiniment auprès des gens qui influent sur le choix d'un ministre.

Au moment où elle se défend, le mieux qu'elle peut, d'aimer la littérature, un sot, enchanté d'avoir quelque chose à dire et de se voir écouté une seule fois dans sa vie, vient lire à ces dames un manuscrit qu'on lui a prêté, dit-il, pour quatre heures seulement, et qui fait un bruit du diable à Paris, d'où il vient.

Ce manuscrit est de Mme Necker, et propre par son sujet à lui aliéner les femmes de la cour.

Désappointement, donc ridicule possible.

Mais, si réellement savante pour le plaisir de l'être, elle eût composé son ouvrage pour le plaisir de le composer et qu'elle ne fût pas ambitieuse, que pourrait-on lui reprocher?

« Tel est mon bon plaisir! répondrait-elle.

La prude ressemble assez à un ingénieur — non pas à un ingénieur des ponts-et-chaussées, mais à un ingénieur militaire travaillant jour et nuit à des fortifications —

qui oublie de dîner et qui se croit important.

Il est ridicule si on lui démontre clairement que personne ne songe à attaquer sa place, qu'il peut dîner au long et tranquillement, et que, ne rendant aucun service à ses concitoyens, aucun d'eux ne pense à lui.

Le ridicule propre du poëte est de faire des vers détestables; du savant, de trouver dans l'analyse d'une eau minérale une substance qui ne puisse pas exister dans l'eau et puis d'être détrompé...

Mais ces deux ridicules, à force d'être communs, ne font plus rire.

Philaminte peut admirer de très bonne foi les vers de *Trissotin*, ces vers peuvent lui donner un véritable plaisir.

Quel ridicule y a-t-il à cela?

Celui d'avoir un mauvais jugement littéraire?

C'est un ridicule bien petit...

Qu'est-ce que le caractère d'*Armande*? Son premier mobile est-il le désir de plaire à *Clitandre*? En ce cas, elle prend une mauvaise voie. Comme Mme Necker voulant porter son mari au ministère, elle est ridicule, mais ce n'est pas en qualité de savante ou de poète, c'est comme coquette [1].

Vous voudriez donc que toutes les femmes fussent savantes ? Il n'en resterait plus pour faire des enfants.

Le bonheur public ne demande qu'un nombre très limité de femmes savantes.

Je trouve la pièce très bien écrite; le style est bien, fort, bien emporté, mais il manque de vivacité.

Il me semble que *Collé*[2], eût pu y mettre cinq ou six plaisanteries du ton du plus grand monde, qui auraient fait rire davantage qu'on ne rit actuellement.

Cette idée est peut-être téméraire. D'ail-

---

1. Il faut porter un exemplaire des *Femmes savantes* aux *Français* et noter les endroits où l'on rit. Me rappeler ensuite, en composant, le résultat de ces observations.   N. de B.

2. Auteur dramatique, chansonnier abondant. (1709-1783).

leurs, le ton du grand monde s'est, je crois extrêmement perfectionné de l'an 1672 à l'année 1772, et à la première de ces époques, il n'y eut jamais un salon aussi agréable, d'aussi bon ton (*l'art de se donner du plaisir avec la langue entre indifférents*), que celui de Mme du Deffand.

Bélise s'attache au *mot*, en vraie pédante, au lieu de comprendre la chose. Cela pourrait être autrement développé. La nature, qui est ordinairement plus froide que l'art, donne une leçon à Molière.

Beauzée, en rentrant de l'Académie française au logement qu'il avait aux Invalides, trouve l'amant de sa femme qui était avec elle sur un canapé, dans la position la moins équivoque.

Celui-ci, qui était allemand, dit à la femme :

— Quand je vous disais qu'il était temps que je m'en aille !

— Que je m'en allasse, monsieur, dit Beauzée.

LES AMANTS MAGNIFIQUES

Les *Amants magnifiques* de Molière sont un chef-d'œuvre de bon ton, parce que les personnages savent ménager réciproquement leur vanité le mieux possible. C'est, de toutes les pièces que je connais, celle où j'ai trouvé le meilleur ton, et c'est là, ce me semble, le véritable modèle pour mon Chamoney [1].

Il me semble que cette pièce est une preuve que la société s'est perfectionnée depuis Molière, c'est-à-dire que l'homme qui occupe aujourd'hui une position semblable [2] à celle d'un homme sous Louis XIV, sait bien mieux ne pas blesser la vanité et la flatter que sous Louis XIV.

Il est sûr qu'un poète comique qui don-

1. Personnage d'une comédie de Beyle, restée à l'état de projet.
2. « Développer ce *semblable* ». N. de B.

nerait à ses personnages le bon ton de ceux des *Amants magnifiques*, serait certain de plaire; tandis qu'au contraire il n'y a plus que les gens de métier qui sentent le mérite de *M. de Pourceaugnac*[1].

Il faut donc qu'en 1670 le bon ton fût bien plus rare qu'en 1804 (134 ans après).

1. « L'art de développer un caractère ». N. de B.

DU THÉATRE

Ces notes sur le théâtre font partie des *Pensées*. Comme les *Commentaires sur Molière*, elles datent de la jeunesse de Stendhal.

J. DE M.

DU THÉATRE

Quelle que soit la destinée qui m'attend, je veux toujours pouvoir dire comme le grand Corneille :

Je ne dois qu'à moi seul toute ma renommée.

Ainsi, je ne veux introduire aucune espèce de copie dans mes premiers ouvrages.

Quand je saurai peindre la nature comme je la vois, alors je verrai à entreprendre les grands sujets, sans faire attention à ceux qui les auront traités avant moi.

Bien entendu, je n'aurai jamais la sotte témérité de retraiter les sujets desquels Corneille, Racine, Crébillon, Molière, ont fait leurs chefs-d'œuvre.

Dans le moment d'enthousiasme causé par la lecture du deuxième volume du *Génie du Christianisme*, de Châteaubriand, j'ai pensé à développer le combat de l'amour de Dieu et de l'amour dans le cœur d'une fille passionnée.

En un mot, de faire une Clémentine protagoniste de tragédie.

J'ai pensé tout de suite au prince Zizim pour amant.

La scène serait alors à Sassenage, près de Grenoble.

Jusqu'ici (19 frimaire, imaginé le 18) je vois ce sujet trop élégiaque pour la tragédie.

Il faudrait, pour faire ce sujet un chef-d'œuvre, que tous les événements vinssent du caractère principal.

Mais il me paraît bien difficile de rendre ce sujet intéressant pour notre siècle.

On plaindra Clémentine comme une folle charmante. Si le style est bon, on viendra écouter une seconde fois de jolis sentiments en vers touchants ; mais l'âme n'ayant pas été violemment émue, on n'y reviendra plus une troisième fois.

La scène au temps des Croisades.

B... m'a dit (avec quelque pudeur, par conséquent c'est un vrai sentiment) que dans le *Cid* il trouvait tout exagéré.

Il y a une espèce de *méprise*, très commune dans la nature, qu'il me semble n'avoir été vue que par Molière : c'est que les hommes ne se comprennent qu'à mesure qu'ils sont animés des mêmes passions.

Exemple : je dis une chose très claire pour moi ; mon interlocuteur la comprend suivant ses passions et souvent d'une manière entièrement opposée à ce que j'ai voulu lui dire.

Je voudrais bien voir jouer le *Philinte*, de Fabre.[1]

1. *Le Philinte de Molière*, ou *La Fuite du Misanthrope*, de Fabre d'Églantine. Comédie en cinq actes et en vers. Théâtre de la Nation (Odéon) 22 février 1790.

Dans les *Dehors trompeurs* [1], on n'a pas applaudi l'égoïste qui conseille à son ami d'enlever celle qu'il aime et qui lui prête de l'argent pour cela; et cette maîtresse est la sienne.

Cela était fort dans nos mœurs *pré-révolutionnaires* pourtant.

Blesser le moins possible la vanité du lecteur. Transporter la vanité dans la comédie.

Je puis faire de cela deux ou trois caractères de femme inimitables.

Au lieu de mettre tant d'observations particulières dans *The new philosophy* [2], en tirer parti dramatiquement et les faire applaudir sur la scène.

Cela me vaudra bien plus de gloire.

[1]. *Les Dehors trompeurs* ou *L'Homme du jour*, de Louis Boissy. Cinq actes, en vers, joués en 1740, au Théâtre français.

[2]. « *La Philosophie nouvelle* », un ouvrage inachevé de Beyle.

Faire dire à la scène qu'à l'exemple de Molière, un auteur comique ne doit point aspirer aux honneurs académiques.

Dans le moment d'enthousiasme que me causa *Mariane*, je pris la finesse de Marivaux pour le bon ton.

Hé non! elle fatigue. L'homme qui flatte notre vanité plaît toujours[1].

Le bon ton ne serait-il point de faire semblant de faire par passion ce que l'on fait par intérêt?

Il y a tel public, si bête, qu'il est incapable d'applaudir à tel caractère comique, parce qu'il ne le sentira pas.

Mon oncle, par exemple, a la tête fatiguée par le comique du Théâtre français[2]. Il

1. « Remarquer ma tante Chalvet ». N. de B.
2. L'oncle Gagnon. Un homme d'esprit. Cette simple remarque de Beyle le prouve aisément.

ne sent avec plaisir que le comique de Feydeau[1].

Quels sont les sujets, assez élevés, pour être offerts à l'excellent public que je prends pour juge.

Je suis persuadé que si l'on voyait pour la première fois le *Cid* et *Iphigénie*, le *Cid* ferait fondre en larmes et *Iphigénie* serait critiquée de tous côtés.

C'est la pièce qui doit plaire le plus aux gens médiocres. Aussi la joue-t-on très souvent.

Une anecdote très touchante, mais dite sans développements, ne touche que les gens à forte imagination.

J'ai observé cela au théâtre pour le rire : le vers qui explique le ridicule est toujours très applaudi.

C'est peut-être pour cela que Molière explique toujours, et souvent la même chose

---

1. Autrefois l'Opéra-Comique.

en trois ou quatre vers consécutifs et présentant cette même chose sous des images différentes.

C'est une très bonne idée que celle de donner à mes personnages comiques des noms historiques [1].

Un homme d'esprit qui verra dans le monde une jeune fille faire les plus grands sacrifices à l'amour, sans avoir de combat à rendre, restera immobile.
C'est une espèce de sublime. Il concevra toute la grandeur de cet amour, et si le lendemain il voit une autre jeune fille avoir de grands combats à soutenir pour faire les mêmes sacrifices à son amant, il n'hésitera point :
— « La première aime bien mieux !

---

1. L'idée devait être, plus tard, largement réalisée. Telles *pièces historiques* en fournissent le témoignage.

Hé bien! le même homme verra ses deux mêmes actions au théâtre, et si c'est un homme d'esprit ordinaire, il donnera l'avantage à celle qui aura soutenu les grands combats [1].

Il est donc très possible que les ouvrages des grands hommes qui ont travaillé pour des hommes à meilleure tête que ceux de leur siècle, soient mieux goûtés à mesure que nous nous perfectionnons.

Je crois que pour bien faire la Comédie, il faut se *dépassionner*.

Les plus fortes émotions que m'ait fait éprouver la Comédie dans les deux dernières années, sont celles que j'éprouvais dans l'an XI aux représentations du *Barbier de Séville*, et celle que m'a données, en l'an XII, *l'Optimiste*, de Collin [2].

---

[1]. Rappelons que Beyle était tout jeune encore à l'époque où il écrivait ces lignes.
[2]. Collin d'Harleville.

Celle-ci fut comme une douce rosée répandue sur toute l'âme.

Je ne trouve bonnes que les plaisanteries qui le seraient à la scène.

Je ne pleure qu'aux actions qui feraient pleurer à la scène.

Je dois cela à mon peu de monde.

Changer d'extérieur, pour mon bonheur, mais conserver précieusement cette âme-là pour ma gloire et ne jamais hasarder quelque chose que je sifflerais chez un autre.

TABLE

TABLE

Pages.

MONSIEUR DE STENDHAL.......... III

NAPOLÉON (commentaire).......... 3
   DE LA COUR................. 13
   DE L'ARMÉE................. 43
   DES MINISTRES.............. 53
   DU CONSEIL D'ÉTAT........... 65
   DE L'ADMINISTRATION......... 81

DE L'ALLEMAGNE (commentaire)..... 91
   VOYAGE A BRUNSWICK......... 97

DE L'ITALIE (commentaire)......... 129
   LE VOYAGEUR................ 131
   RIVAGE DE LA MER........... 143

DE L'ANGLETERRE.............. 151
   DE L'ANGLETERRE ET DE L'ESPRIT ANGLAIS... 153

LES PENSÉES (commentaire). 165
MÉDITATIONS. 167
TRAVEL IN GRENOBLE 200
LETTRE A MOUNIER. 205
AUTREFOIS, DÈS QUE J'ÉTAIS SEUL... 213

JOURNAL DU VOYAGE A LA MER. . . . 217

COMMENTAIRES SUR QUELQUES PIÈCES DE MOLIÈRE. 233
LES FEMMES SAVANTES. 234
LES AMANTS MAGNIFIQUES 243
DU THÉATRE 247

IMPRIMERIE Ve ALBOUY

75, AVENUE D'ITALIE. — PARIS

ÉDITIONS DE LA REVUE BLANCHE
1, Rue Laffitte

Collection grand in-18 jésus à 3 fr. 50

Paul Adam	*Lettres de Malaisie*, roman.
P. Nansen	*Marie*, roman.
Stendhal	*Napoléon*, notes et introduction par Jean de Mitty.

EN PRÉPARATION :

Jane Austen	*Catherine Morland*, roman traduit de l'anglais par Félix Fénéon.
Eugène Morel	*Terre promise*, roman.
Albert Delacour	*Les lettres de noblesse de l'anarchie.*

THÉÂTRE

Romain Coolus	*L'Enfant malade*, pièce en 4 actes, 1 vol. gr. in-16	2 fr.

EN PRÉPARATION :

Tristan Bernard	*Le Fardeau de la Liberté*, comédie en 1 acte, 1 vol. gr. in-16, avec une lithographie en trois couleurs par Henry de Toulouse-Lautrec	1 fr. 50
André de Lorde et Eugène Morel	*Dans la Nuit*, tragédie en 5 actes, en prose, 1 vol. gr. in-16	2 fr.

Imp. G. Renaudie, 56, rue de Seine, Paris.

www.ingramcontent.com/pod-product-compliance
Lightning Source LLC
Chambersburg PA
CBHW070757170426
43200CB00007B/819